数字生态中的文化品牌设计与传播研究

赵凌之　陈　剑　著

九 州 出 版 社
JIUZHOUPRESS

图书在版编目（CIP）数据

数字生态中的文化品牌设计与传播研究 / 赵凌之，陈剑著. -- 北京 : 九州出版社，2024.4

ISBN 978-7-5225-2867-0

Ⅰ. ①数… Ⅱ. ①赵… ②陈… Ⅲ. ①文化艺术－品牌－设计－研究②文化艺术－品牌－传播－研究 Ⅳ. ①G0②F273.2

中国国家版本馆CIP数据核字(2024)第089702号

数字生态中的文化品牌设计与传播研究

作　　者	赵凌之　陈　剑　著	
责任编辑	云岩涛	
出版发行	九州出版社	
地　　址	北京市西城区阜外大街甲35号(100037)	
发行电话	(010)68992190/3/5/6	
网　　址	www.jiuzhoupress.com	
印　　刷	河北万卷印刷有限公司	
开　　本	710毫米×1000毫米　　16开	
印　　张	14	
字　　数	200千字	
版　　次	2024年4月第1版	
印　　次	2024年4月第1次印刷	
书　　号	ISBN 978-7-5225-2867-0	
定　　价	78.00元	

前 言

　　身处数字化快速演进的时代，随着数字技术的普及和越来越智能化的发展，人们对数字设备的依赖已渗透到生活中的各个方面。为了达到更好的营销效果，品牌的数字化战略方向也发生了显著变化，对数字生态的建设成为众多品牌发展的长远战略。相较于其他的品牌，文化品牌还增加了传承传统文化、传播文化内涵和延续文化遗产的使命，在日新月异的智媒时代，设计和传播都不再局限于传统的方式，而是面临着全新的机遇和挑战。数字生态以其多样性和开放性，让文化品牌得以在全球范围内进行传播和交流，打破了时空的限制。随着数字化技术的日益成熟，文化品牌的传播也日益多样化，数字化身份的塑造、媒体的变革以及社交媒体的兴起，都在深刻地改变着人们对于文化品牌的认知。数字化平台从过去的传播载体转变为数字生态的主体之一，而文化品牌用户也在数字生态中拥有了多重身份。与此同时，数字时代的蓬勃发展也带来了新的挑战，文化品牌在数字生态中需要面对信息过载、用户注意力稀缺、网络安全等问题。如何在数字生态中凸显文化品牌的独特价值，建立忠诚用户群体，并在多渠道的数字传播环境中实现品牌一体化传播，这些都是文化品牌数字生态建设过程中需要深入探讨的重要议题。

　　本书旨在深入探讨数字时代文化品牌的价值与创新，希望通过对数字生态中文化品牌设计与传播的全面研究，探索出数字时代构建全新的文化品牌设计与传播模式，激发文化品牌的创新潜能，使其在数字生态中持续繁荣，同时为数字生态的建设提供实践借鉴。希望本书能够带领读者深入了解数字生态对于文化品牌的重要性，并在此基础上探索创新的设计和传播策略，从而促进文化品牌的可持续发展。希望本书能为读者呈现一个关于数字生态中文化品牌设计与传播的全景图，激发更多学者和从业者对数字生态中文化品牌发展的关注与思考。

本书共分为八章，由赵凌之和陈剑共同完成创作：赵凌之独立完成了第一章、第二章、第四章、第五章、第六章、第七章和第九章的研究与写作；陈剑独立完成了第三章和第八章的研究与写作。最后由赵凌之进行全书整体的调整与确认。

由于时间仓促，著者在写作过程中难免有疏漏和不足之处，敬请广大读者指正。

目　录

第一章　绪　论

　　文化品牌在数字环境中的表现和策略受到数字生态中各种因素的影响，本研究借助数字生态理论来理解和分析文化品牌如何在数字生态中运作和发展。数字生态理论由"数字生态系统"概念延伸而来，是一个更广泛的理论框架，用于解释数字世界中各种实体和因素之间的关系。了解文化品牌和数字生态的历史、现状和发展趋势，能够帮助文化品牌更好地规划其数字生态构建策略，以应对数字环境中的各种机遇和挑战。

一、文化品牌研究历史与现状

（一）文化品牌的发展历程

　　1950 年，广告大师大卫·奥格威（David Ogilvy）提出了品牌概念，认为品牌是一种错综复杂的象征。[①]20 世纪 60 年代至 80 年代，学者们开始探讨品牌定位、品牌形象、品牌个性等概念。20 世纪 90 年代至 21 世纪初期，学者们开始关注品牌资产、品牌忠诚度、品牌延伸等概念。关于文化品牌的概念可追溯至 20 世纪 80 年代中期至 2010 年，这一时期，学者们开始关注文化在品牌塑造和传播中的作用，提出了文化符号、文化价值观、文化共鸣等概念。随着移动技术、大数据、区块链、人工智能等数字技术的高速发展，从 2010 年至今，学者们开始更多地关注如何利用新媒体和数字技术创造和传播文化内容，并提出了内容营销、故事营销、社交媒体营销等概念。

---

① LUCAS D B, OGILVY D. OGILVY. Confessions of an Advertising Man[J]. *Journal of Marketing Research*, 1964, 1（1）：80.

　　"文化品牌"分为两种发展模式：第一种模式是基于已存在的传统文化，将传统文化元素与品牌结合，让传统文化通过市场化策略衍生为具有文化价值和商业价值的品牌进行传承与发展。第二种模式是在品牌建设的过程中，通过发掘和塑造品牌的文化内涵，产生文化共鸣，实现持续发展。

　　由传统文化衍生的文化品牌通常具有较强的文化底蕴和历史积淀，能够传承和弘扬传统文化，同时还能够满足当代用户对于文化情感和体验的需求。传统文化品牌的发展历史可以追溯到 20 世纪 80 年代末至 90 年代初，这是一个全球品牌竞争激烈的时期，各种品牌涌现出来，大多数品牌都使用了标准化和国际化的营销策略，这导致品牌同质化现象比较严重。因此，一些企业和组织开始寻找具有本土特色和文化内涵的品牌定位，将其文化元素与品牌相结合，以此为基础塑造具有本土特色和文化价值的品牌形象，即"文化品牌"。随着经济全球化程度的不断加深，越来越多的国家和地区开始注重本土文化元素的保护和发展，各国文化自信也不断增强，这促使"文化品牌"在国际市场上得到了更多的认可和关注。一些具有代表性的文化品牌，如日本的三菱、法国的路易威登、韩国的三星等，在国际市场上都取得了很大的成功。同时，国际市场也越来越重视文化因素，越来越多的企业开始将本土文化元素和品牌相结合，以此来拓展市场，这也为"文化品牌"的发展提供了更多的机会。

　　在当时的中国，由于经济的快速发展和市场的开放，大量的国际品牌涌入中国市场。这些品牌带来了先进的技术和管理模式，同时也对传统文化产生了冲击。一些有识之士开始呼吁保护和传承传统文化，并将其与品牌建设结合起来，形成了文化品牌建设的思想基础。20 世纪 90 年代初期，随着中国市场的逐渐开放和文化产业的兴起，文化品牌建设开始得到了政策和资源上的支持。1992 年，中国国家文物局成立了文化创意产品研究所，开始探索将传统文化与产品设计相结合的道路。此后，一些文化品牌逐渐开始崛起，如以故宫文创产品为代表的文化衍生品品牌。进入 21 世纪，文化品牌建设迈进一个新的发展阶段。随着国内市场的日益成熟和用户文化消费需求的增加，文化品牌的建设获得更多的关注和投入。此时，一些品牌开始拓展海外市场，将中国文化传播至世界。例如，茅台、李宁等品牌，都在不断拓展海外市场，成为中国文化走向世界的重要载体。

文化品牌的建设不仅可以促进传统文化的传承和发展，还可以提高企业的市场竞争力和商业价值。建设文化品牌需要挖掘和整合文化元素，包括但不限于传统工艺、传统建筑、传统节日、传统文学艺术等。这些元素可以通过品牌形象、产品设计、广告宣传等方式体现和传播，从而打造出具有传统文化特色和魅力的品牌形象和产品。同时，文化品牌建设还需要加强与传统文化领域的合作，参与文化活动和传承项目，加强品牌与文化的联系和互动。随着经济的快速发展和人们对于传统文化的重视，越来越多的企业开始将传统文化元素融入品牌建设，打造具有文化特色和竞争力的品牌。例如，故宫博物院的故宫文创产品、周黑鸭的"烤鸭"等，都是以传统文化元素为基础，打造出具有品牌魅力和商业价值的文化品牌的成功案例。

第二种模式的发展历程可以追溯到 20 世纪 90 年代。当时，中国企业正经历着从生产导向到市场导向的转型期，营销理念和手段也在不断更新和升级。在这一背景下，品牌建设开始受到重视，企业开始尝试通过品牌来提升产品和服务的附加值，实现差异化竞争和市场占有率的提升。然而，当时市场竞争日益激烈，品牌同质化现象严重，品牌形象缺乏文化底蕴，品牌的持续发展面临着挑战。一些企业开始从品牌建设中寻找突破口，试图将品牌与文化相结合。这一思路由品牌专家于海涛提出，并在实践中得到了一些企业的探索和验证。于海涛提出的概念，旨在指导企业通过文化的营销手段，将品牌与文化紧密结合，创造出独特的品牌文化形象，从而提升品牌的价值和影响力。他认为，文化品牌是指在品牌建设过程中，通过对企业内在的文化元素的挖掘和整合，打造出的具有深厚文化底蕴和独特文化形象的品牌。[①]此外，文化品牌还可以通过跨领域合作，拓展品牌影响力和市场覆盖面，进而实现品牌的长期稳定发展。随着时代的变迁，"文化品牌"的概念也在不断拓展和升华，成为企业营销中的一个重要概念。例如，中国移动在品牌建设中注重文化内涵的塑造和传播，推出了"飞翔""掌上明珠"等具有文化特色的品牌形象，这些品牌不仅赢得了市场的认可和好评，也为企业带来了经济效益和社会效益。随着时间的推移，越来越多的企业开始意识到文化对品牌的影响和作用，并形成了"文化品牌"的概念和实践体系。在这一体系中，企业通过对文化元素的挖掘和整合，打造出具有深厚文化底蕴和独特文化形象的品牌，同时通过跨领域合作，拓展品牌影响力和市场覆盖面，实现品牌的长期稳定发展。如今，文化品牌已成为企业营销中的一个重要概念，得到了广泛的应用和推广。

中国的文化品牌发展具有本土化与国际化并重的特征，主要面向国内市场的文化品牌凭借高度的文化认同受到国内用户的喜爱与认可，同时也有越来越多的品牌开始向海外市场拓展，通过文化品牌的传播弘扬了中国文化。随着中国文化产业的发展和壮大，文化品牌的产业链不断拓展和升级。从文化产品制作到品牌策划和营销，再到文化旅游、文化金融等领域，文化品牌的产业链愈加完整和多元化，产业生态越来越完善。

随着文化创意产业的蓬勃发展，与文化品牌息息相关的另一产业"文化IP"近年来也发展迅速，两者之间既有区别，也存在紧密的联系。知识产权（IP）产业是近几年兴起的重要产业领域。中国的IP产业是指以文化创意为核心，以知识产权为保障，以内容为载体，通过多元化的

---

① 肖璇. 北京圈文化创意产业分布及集群式发展研究 [D]. 北京：北京工商大学，2010.

商业模式和渠道，充分实现其价值的产业。①中国 IP 产业的发展历程主要经历了三个阶段，2015 年以前的萌芽期、2015 年至 2020 年的初步发展期和 2021 年至今的快速发展期。在这个发展过程中，中国的 IP 产业涵盖了网络文学、动漫、影视剧、游戏、实体形象等多个领域，形成了一个完整的 IP 产业链。中国的 IP 产业在近年来取得了显著的成绩，但也面临着一些挑战，如质量不高、同质化严重、版权保护不足等。文化 IP 以原创或改编的优秀文化内容为核心，在传统的文学与艺术作品中提取代表性的元素并进行符号化的转换，通过多平台、跨领域的运营和传播方式，实现更多元化的产业发展，具备更大的商业价值。例如，近几年的《三体》《西游记》《哪吒》等，都成了知名度较高的文化 IP。

文化 IP 和文化品牌之间的联系在于，文化 IP 可以成为文化品牌的重要组成部分，文化 IP 所具有的知名度和文化影响力，可以为文化品牌赋予更多的品牌内涵和价值。同时，文化品牌也可以为文化 IP 提供更广泛的市场推广和商业化运作渠道，为文化 IP 带来更大的商业价值。《2018 中国文化 IP 产业发展报告》中指出中国文化 IP 产业近年来的发展现状与未来趋势，规模化和跨界融合是文化 IP 发展的显著特征，这样的特征促进了文化 IP 生态的形成，也推动了具有文化 IP 的品牌生态加剧扩张，生态品牌、文化品牌的生态化运营模式等概念应运而生。②生态品牌的本质是不断发现和解决用户不断变化的需求，生态圈内的多方合作者通过链接与共生的方式共同创造社会价值。

总的来说，中国的文化品牌发展正处于一个高速发展的时期，随着中国经济的不断崛起和文化产业的不断发展，文化品牌未来将继续发挥重要的作用。随着社会的不断发展和用户对于文化价值的日益重视，文化品牌建设的前景也越来越广阔。随着数字媒体技术的发展，文化品牌

① 鲁元珍. 文化 IP 如何实现高质量发展 [N]. 光明日报，2018-11-07 (15).
② 鲁元珍. 文化 IP 如何实现高质量发展 [N]. 光明日报，2018-11-07 (15).

建设也越来越与新技术、新媒体相结合，致力于打造出更具创新性和影响力的品牌形象和产品。

（二）国内外研究成果

随着全球经济一体化和文化多样化的发展，文化品牌成为国家文化软实力的重要体现之一。在国内和国际上，多位专家学者提出了文化品牌的相关概念和延伸内涵。

戴维·A.艾克（David A.Aaker）在著作《创建强势品牌》（*Building Strong Brands*）中讨论了如何建立强大的品牌，其中涉及文化品牌的概念。[①] 苏珊·P.道格拉斯等（S. P. Douglas et al.）在论文 "The Changing Dynamic of Consumer Behavior: Implications for Cross-cultural Research" 中探讨了消费者行为的跨文化差异，认为文化品牌应该考虑消费者不同的文化需求和价值观。[②] 罗素·W.贝尔克（R. W. Belk）在论文 "Possessions and The Extended Self. Journal of Consumer Research" 中探讨了个人身份认同与物品拥有之间的关系，指出文化品牌可以成为人们展示自己身份认同的一种方式。[③] 詹姆斯·H.吉尔摩等（J. H. Gilmore et al.）在其著作《欢迎来到体验经济》（*Welcome to The Experience Economy*）中提出，文化品牌是一种以文化为基础，通过体验的形式让消费者沉浸其中的品牌。[④] 苏珊娜·哈特（S. Hart）在著作《品牌的未来》

---

① AAKER D A. *Building Strong Brands*[M]. New York: Simon and Schuster, 2012: 10-16.
② DOUGLAS S P, CRAIG C S. The Changing Dynamic of Consumer Behavior: Implications for Cross-cultural Research[J]. *International journal of research marketing*, 1997, 14（4）: 379-395.
③ BELK R W. Possessions and the Extended Self[J]. *Journal of consumer research*, 1998, 15（2）: 139-168.
④ PINE B J, GILMORE J H. *Welcome to the Experience Economy* [M]. Cambridge: Harvard Business Review Press, 1998: XXI.

（*The Future of Brands*）一文中探讨了未来品牌的发展趋势，其中包括文化品牌的发展趋势。①西蒙·安赫特在著作（S. Anholt）《全新正义：全球品牌的优势》（*Brand New Justice: The Upside of Global Branding*）中讨论了全球品牌化的概念，认为文化品牌是全球品牌化中不可或缺的一部分。②道格拉斯·B.霍特（D. B. Holt）在其著作《品牌如何成为经典：文化品牌的原则》（*How Brands Become Icons: The Principles of Cultural Branding*）中提出，文化品牌是以文化为基础的品牌，文化是品牌成功的基石。③米哈利斯·卡瓦拉齐斯（M. Kavaratzis）在论文 "From City Marketing to City Branding: Towards a Theoretical Framework for Developing City Brands" 中主要探讨了从城市品牌的角度阐述了文化在城市品牌建设中的重要性。④亚当·阿尔维森（A. Arvidsson）在论文 "Brands: A Critical Perspective" 中批评了品牌的商业化趋势，提倡品牌应该更多地关注文化和社会问题。⑤李彦亮在其论文《文化在营销中的作用》中认为，文化竞争力对品牌的发展与营销具有重要作用，主要体现在企业文化、品牌文化、产品文化三个方面。⑥西蒙·安赫特（S. Anholt）在《竞争身份：国家、城市、地区的新品牌管理》（*Competitive Identity: The New Brand Management for Nations, Cities and Regions*）一书中，提出

---

① HART S. The Future for Brands[J]. *In Brands*：*The new wealth creators*. London：Palgrave Macmillan UK. 1998：206-214.
② ANHOLT S. *Brand new justice*：*The Upside of Global Branding*[M]. Oxford：Butterworth-Heinemann. 2003：11-13.
③ HOLT D B. *How Brands Become Icons*：*The Principles of Cultural Branding*[M]. United States: Harvard Business School Press, 2004：95-96.
④ KAVARATZIS M. From City Marketing To City Branding: Towards a Theoretical Framework for Developing City Brands[J]. *Place Branding*, 2004, 1（1）：58-73.
⑤ ARVIDSSON A. Brands: A critical perspective[J]. *Journal of Consumer Culture*, 2005, 5（2）：235-258.
⑥ 李彦亮. 文化在营销中的作用 [J]. 河南师范大学学报（哲学社会科学版），2006（3）：115-118.

了"国家品牌"（Nation Branding）这一概念，意味着将国家作为一个品牌进行营销。他认为，国家的形象也可以像产品一样进行市场推广，引导外界对该国的认知和态度。他指出，"文化品牌"指的是通过激发和利用本土文化资源，将文化与品牌策略相结合，从而形成强有力的品牌形象。①蒂尔德·海顿等（T. Heding et al.）在著作《品牌管理：研究、理论与实践》（*Brand Management: Research, Theory and Practice*）中探讨了如何将品牌管理的最佳实践应用于文化品牌，以实现品牌的成功发展。②马克·戈贝（M. Gobe）在著作《情感品牌——连接品牌与人的新范式》（*Emotional Branding: The New Paradigm for Connecting Brands to People*）一书中探讨了情感营销的概念，认为文化品牌应该更注重与消费者的情感连接。③切纳托尼 (L. De Chernatony) 在著作《从品牌愿景到品牌评估：成长和强化品牌的战略过程》(*From Brand Vision to Brand Evaluation: The Strategic Process of Growing and Strengthening Brands*) 中详细介绍了品牌建设的战略过程，其中涉及文化品牌的概念。④凯丽等（Tian et al.）在著作《中国消费者——外国品牌在设想中的未来中国的作用》（*Consumer-Citizens of China: The Role of Foreign Brands in the Imagined Future China*）中探讨了中国消费者基于中国文化和长期观念，对于本土品牌和西方品牌的态度，以及这些品牌对中国消费者生活方式

---

① ANHOLT S. *Competitive Identity: The New Brand Management for Nations, Cities and Regions*[M]. New York: Palgrave Macmillan, 2006: XI .
② HEDING T, CHARLOTTE K, MOGENS B. *Brand Management: Research Theory and Practice*[M]. London: Routledge, 2008: 256.
③ GOBE M. *Emotional Branding: The New Paradigm for Connecting Brands to People*[M]. New York: Allworth Press, 2010: 2.
④ CHERNATONY D L. *From Brand Vision to Brand Evaluation: The Strategic Process of Growing and Strengthening Brands*[M]. London: Routledge, 2010: 157-192.

的影响。[①]刘世雄、张宁、梁秋平在《中国用户文化价值观的代际传承与嬗变——基于中国主流消费群的实证研究》一文中运用数据分析的方法，探讨了四个世代的中国主流消费群体的文化价值观和消费特征。[②]柏定国在其著作《文化品牌学》中认为，文化品牌是以文化为基础，通过品牌化的手段，创造出具有差异化和竞争力的品牌。[③]艾谢·巴努·比恰克西（Aye Banu Bak）在 "Branding the City Through Culture: Istanbul, European Capital of Culture 2010" 一文中通过符号学的方法，以伊斯坦布尔为案例，探究了文化设施与活动对城市品牌塑造的作用，揭示了象征性文化元素对城市品牌差异化发展的作用，并探究了这种城市形象究竟出自哪些要素。[④]尹良润在论文《文化产业品牌的基本特征与传播策略》中提出了文化产业品牌的六大特征及其传播和发展的策略，他认为提升品牌知名度、创新力、跨平台传播等战略是文化产业品牌发展的重要策略。[⑤]赵云泽等在论文《"桥梁人群"对中国品牌的跨文化传播的影响研究》中发现，在华外国人作为中国品牌跨文化传播的 "桥梁人群" 是化解中国品牌与国际隔阂的关键受众，他们接受中国文化背景下的品牌信息，转码后再面向国外受众传播，对国外受众的中国品牌认知起至关重要的重塑作用，在中国品牌跨文化传播中起到了 "意见领袖" 的作用。[⑥]约翰森·施罗德等（J. Schroeder et al.）在 "A Brand Culture Approach to Chinese

---

① TIAN K, DONG. *Consumer-Citizens of China*：*The Role of Foreign Brands in the Imagined Future China*[M]. United Kingdom: Taylor and Francis, 2010: 21-35.

② 刘世雄，张宁，梁秋平. 中国消费者文化价值观的代际传承与嬗变：基于中国主流消费群的实证研究 [J]. 深圳大学学报（人文社会科学版），2010, 27（6）：77-84.

③ 柏定国. 文化品牌学 [M].长沙：湖南师范大学出版社，2020：52-91.

④ BICAKCI A B. Branding the city through culture: Istanbul, European Capital of Culture [J]. *International Journal of Human Sciences*，2012, 9（1）：993-1006.

⑤ 尹良润. 文化产业品牌的基本特征与传播策略 [J]. 新闻爱好者，2013（7）：13-15.

⑥ 赵云泽，滕沐颖，赵菡婷，等. "桥梁人群"对中国品牌的跨文化传播的影响研究[J]. 国际新闻界，2015, 37（10）：65-78.

Cultural Heritage Brands"一文中从消费者视角揭示了消费者如何共同创造文化遗产品牌的品牌意义，并厘清了品牌文化、文化遗产和品牌传承的概念。[1] 史蒂芬·布朗（S. Brown）在著作《品牌和品牌塑造》（*Brands and Branding*）中提出了品牌研究的一系列关键议题，其中包括品牌如何与文化相互作用和相互塑造的问题。[2] 埃格林等（Eggeling et al.）通过《国家品牌实践：哈萨克斯坦和卡特尔体育、城市和大学推广中的政治学》（*Nation-branding in Practice: The Politics of Promoting Sports, Cities and Universities in Kazakhstan and Qatar*）一书借鉴了哈萨克斯坦和卡塔尔体育、城市发展和高等教育领域的当代实例，通过中亚研究、国际关系、文化学、政治学多学科的探索，来分析"国家品牌"的实践进行国家宣传的政治影响。玛尔塔等（Marta et al.）编写的著作《工匠品牌：当代手工艺经济中的创业与营销》（*The Artisan Brand: Entrepreneurship and Marketing in Contemporary Craft Economies*）中研究了传统手工艺行业不断变化的形式，以及在数字经济时代面临的机遇和挑战，在新的时代背景下如何保持传统，延续文化遗产，并以更具有创造力的文化活体来呈现与发展。[3] 王培林等在论文《我国不同时期品牌文化塑造研究综述——自 2000 年至今》中认为，文化作为品牌的内核是维持客户黏性和提高品牌核心竞争力的重要途径，关于品牌文化塑造的研究应当成为

① SCHROEDER J, BORGERSON J, WU Z Y. A Brand Culture Approach to Chinese Cultural Heritage Brands. [J]. *Journal of Brand Management*, 2015, 22（3）: 261-279.

② BROWN, STEPHEN. *Brands and Branding*[M]. United Kingdom: SAGE Publications, 2016: 222.

③ MARTA M, ALESSANDRA R, MULHOLLAND J. *The Artisan Brand*: *Entrepreneurship and Marketing in Contemporary Craft Economies*[M]. United Kingdom: Edward Elgar Publishing, 2022: 146.

学者关注的焦点。① 法比安·佩科特等（F. Pecot et al.）在论文 "Brand Heritage Across Cultures: USA, France and South Korea" 中对传统文化品牌在跨文化语境中的传播效果和统一性，以及对品牌在全球不同地区的传播过程中对文化遗产传承起到的作用进行了统一的标准化研究。②

国内外的研究现状指出，文化品牌是通过将文化与品牌相结合来提升产品或服务价值的一种品牌战略。作为一种新的品牌形态，文化品牌具有丰富的文化内涵和较高的用户认同度，可以为企业创造巨大的商业价值。成功的文化品牌建设需要具备多种要素，包括丰富的文化内涵、良好的品牌形象、合适的市场定位等。媒介传播是文化品牌建设中的重要环节，品牌建设需要采用多种媒介手段进行宣传推广，提高品牌知名度和影响力。文化品牌对传统文化遗产的传承具有重要意义，它既是传承传统文化遗产的载体，也能为传统文化遗产的创新化发展注入新动能。文化品牌的国际化发展需要充分考虑文化差异和本土化因素，以适应不同国家和地区的市场需求。成功的文化品牌需要建立长期稳定的文化认同和品牌忠诚度，这需要企业在品牌建设中注重品质和服务的提升，增强用户的满意度和体验感。在数字化时代，文化品牌需要注重数字化建设，积极构建数字生态，提高文化品牌在数字媒介上的传播效果和用户互动体验。

---

① 王培林，郑佳敏，李泽颖，等. 我国不同时期品牌文化塑造研究综述：自 2000 年至今 [J]. 中国商论，2023（3）：83-85.
② PECOT F, ROSE G, MERCHANT A, et al. Brand heritage across cultures: USA, France and South Korea. [J] *Journal of Brand Management*. 2023, 30（1）：49-60.

二、数字生态研究现状

（一）数字生态的发展历程

数字生态是指由数字技术、数字资源和数字服务构成的复杂的自组织网络，它可以为各种社会经济活动提供支撑和创新。陈禹等在著作《数字化企业》中提出数字企业是信息化时代的必然产物，它是由完整的数字化产业链构成的。数字技术运用于企业的管理、制造、营销等多个环节。[①] 在此基础上，一些学者和企业界人士进一步发展了"数字生态系统"的概念，认为"数字生态系统"是一个由多种数字技术和数字化业务组成的生态系统，可以为用户提供更加个性化、全面化和便利化的数字化服务和体验。数字生态系统的发展历程可以分为以下几个阶段。

第一阶段：信息化阶段（20世纪80年代至90年代末期）：这一阶段主要以信息技术为驱动，通过建设信息基础设施，实现信息的采集、传输、存储和处理，提高信息的可获取性和可利用性。在这一阶段中，个人电脑、计算机网络、数据库系统等基础设施逐渐建立，各种信息技术逐渐成熟，如操作系统、数据库管理系统、网络技术、多媒体技术等。这一阶段的较大成果是建立了信息化的基础设施，为后续的发展奠定了基础。

第二阶段：网络化阶段（21世纪初秩至21世纪10年代）：这一阶段主要以互联网技术为驱动，通过建设网络平台，实现信息的共享、交

---

① 陈禹，魏秉全，易法敏.数字化企业[M].北京：清华大学出版社，2023：Ⅴ.

换和协作,提高信息的流动性和价值性。在这一阶段中,互联网逐渐普及,移动互联网快速发展,各种社交网络、电子商务平台、在线教育等应用逐渐兴起。这一阶段较大的成果是建立了一个基于互联网的数字社会,为后续的智能化和生态化打下了基础。

第三阶段:智能化阶段(21世纪10年代至今):这一阶段主要以人工智能技术为驱动,通过建设智能应用,实现信息的分析、挖掘和优化,提高信息的智能性和创新性。在这一阶段中,深度学习、自然语言处理、机器视觉等人工智能技术逐渐成熟,应用范围逐渐扩大,如语音助手、智能客服、智能推荐等。这一阶段的较大成果是建立了基于人工智能的智能社会,实现了人机交互的新突破。

第四阶段:生态化阶段(21世纪20年代至未来):这一阶段主要以数字生态技术为驱动,通过建设数字生态系统,实现信息的整合、协同和演化,提高信息的生态性和持续性。在这一阶段中,数字孪生、数字双创等数字技术逐渐发展,数字孪生技术成为数字经济和数字化转型的重要支撑技术,数字双创则是人才创新和数字经济发展的重要方式。生态化阶段是数字生态发展的新阶段,它将"数字生态系统"演化为更广泛的"数字生态"概念,也是未来数字经济发展的重要方向。这一阶段的主要特点是数字技术的整合和创新,数字生态的构建和优化,以及数字经济的生态化和可持续发展。在这一阶段,数字生态已经成为数字经济发展的核心,具有开放性、协同性、创新性和生态性四大特征,成为推动数字经济发展和数字文化创新的重要力量。

生态化阶段的主要成果包括三个方面:第一,数字生态的建设和优化。随着数字技术的不断发展,数字生态已经成为数字经济发展的重要基础设施。在这一阶段,数字生态不仅能够支撑数字经济的各个领域,还能够实现跨领域的协同和创新,推动数字经济的生态化和可持续发展。第二,数字经济的生态化和可持续发展。生态化阶段的数字经济已经具有了开放性、协同性、创新性和生态性四大特征,数字企业之间实现了资源的共享和协作，数字生态实现了数据的共享和流通，数字经济实现了协同和创新，推动了数字经济的生态化和可持续发展。第三，数字文化创新和数字文化产业的发展。在数字生态的支撑下，数字文化产业不断创新，数字文化产品和服务层出不穷。数字文化产业的发展也推动了数字经济的发展和数字生态系统的优化，促进了数字文化创新的持续发展。

　　数字生态系统发展的四个阶段是数字技术不断创新和应用的结果，也是数字经济发展和数字文化创新的重要里程碑。随着数字技术的不断发展和数字经济的不断壮大，数字生态也将不断优化和升级，成为数字经济和数字文化发展的重要引擎。

（二）国内外研究成果

　　"数字生态"是数字化时代的新型组织形态，其研究涉及多个学科领域，自提出以来得到了广泛的关注和研究。约阿希姆·巴德等（Badr et al.）在论文"Digital Ecosystems: Challenges and Prospects"中对数字生态系统的定义、特征、架构和演化过程进行了综述，探讨了数字生态系统的作用、挑战和未来发展方向，提出了数字生态系统的架构设计、组织治理和价值共享等方面的研究重点。[1]曼努埃拉·阿帕里西奥等（M. Aparicio et al.）在论文"Trends in the E-learning Ecosystem: A Bibliometric Study"中通过文献计量学的方法对数字生态系统研究进行分析，总结了数字生态系统研究的研究热点、研究主题和研究趋势，发现数字生态系统研究呈现出跨学科、国际化、合作性和实践性的特点。[2]

---

[1] LI W B, BARD Y, BINNEER F, et al. Digital Ecosystems: Challenges and Prospects[C]. *Proceedings of the international conference on management of emergent digital ecosystems*, 2012.

[2] APARICIO M, BACAO F, OLIVEIRA T. Trends in the E-learning Ecosystem: A Bibliometric Study[C]. *AMCIS 2014 Proceedings*, 2014.

乌尔丽克·格雷策尔等（U. Gretzel et al.）在"Conceptual Foundations for Understanding Smart Tourism Ecosystems"中探讨了数字生态系统在旅游产业中的应用和构建方式，指出数字生态系统是旅游产业实现智慧化升级的关键因素。[①]兰·阿丹（R. Adner）在"Ecosystem as Structure: An Actionable Construct for Strategy"一文中探讨了数字生态系统的概念和作用，提出了数字生态系统作为战略构造的概念，并阐述了数字生态系统在企业战略中的应用和实践。[②]贾各比德斯等（M. G. Jacobides et al.）在论文"Towards a Theory of Ecosystems"中提出了数字生态系统理论，旨在解释数字生态系统的形成、演化和变革机制，并探讨了数字生态系统在战略管理中的应用和实践。[③]谢雪芳等（Xie et al.）在论文"Identifying the Factors Determining the Entrepreneurial Ecosystem of Internet Cultural Industries in Emerging Economies"的研究过程中通过识别新兴经济体背景下互联网创业生态系统的内部和外部决定因素，深化了对互联网创业生态系统的研究。[④]人民网刊载了《万物互联，呼唤良好数字生态（新语）》的评论文章，该文章指出，数字生态影响用户使用心态，而用户使用心态又反过来影响着技术创新和社会进步。因此建设良好的数字生态需要各方共同努力，保障数据安全和隐私权益，提升用户体验和信任

①　GRETZEL U, WERTHNER H, KOO C, et al. Conceptual foundations for understanding smart tourism eecosystems[J]. *Computers in Human Behavior*, 2015（50）：558-563.

②　ADNER R. Ecosystem as Structure: An Actionable Construct for Strategy[J]. *Journal of management*, 2017, 43（1）：39-58.

③　JACOBIDES M G, CENNAMO C, GAWER A. Towards a Theory of Ecosystems[J]. *Strategic Management Journal*, 2018, 39（8）：2255-2276.

④　XIE X X, XIE X M, MARTINEZ-CLIMENT C. Identifying the Factors Determining the Entrepreneurial Ecosystem of Internet Cultural Industries in Emerging Economies[J]. *International Entrepreneurship and Management Journal*, 2019, 2（15）：503-522.

感。①李载驰和吕铁在论文《数字化转型：文献述评与研究展望》中对国内外关于数字化转型的相关文献进行了梳理和评价，并从主体、路径、模式、效果等方面提出了未来的研究展望。②伊利亚·伊万宁斯基等（Ivaninskiy et al.）在论文"Are Blockchain-based Digital Transformation and Ecosystem-based Business Models Mutually Reinforcing? The Principal-agent Conflict Perspective"中探讨了基于区块链技术构建数字生态系统的可行性和优势，介绍了数字生态系统的架构、设计和实现方法，分析了数字生态系统在金融、物联网和社交媒体等领域的应用和发展前景。③埃马努埃莱·贝里尼等（E. Bellini et al.）"A Blockchain-based Trustworthy Cloud Services Digital Ecosystem"中提出了基于云计算和区块链技术的数字生态系统的设计和实现方法，介绍了数字生态系统的架构、功能和实现技术，探讨了数字生态系统在大数据、人工智能和区块链等领域的应用和发展前景。④胡江等（Hu et al.）在论文"Construction and Optimization of Green Supply Chain Management Mode of Agricultural Enterprises in the Digital Economy"中探讨了数字生态系统在农产品供应链中的应用和构建方式，指出数字生态系统可以提高农产品供应链的品

① 智春丽.万物互联，呼唤良好数字生态（新语）[EB/OL].（2021-11-02）.http://data.people.com.cn/rmrb/mulu/20211102/15.html.

② 李载驰，吕铁.数字化转型：文献述评与研究展望[J].学习与探索，2021（12）：130-138.

③ IVANINSKIY I, IVASHKOVSKAYA I. Are Blockchain-based Digital Transformation and Ecosystem-based Business Models Mutually Reinforcing? The Principal-agent Conflict Perspective[J]. *Eurasian Business Review*, 2022, 12（4）：643-670.

④ BELLINI E, AVERSA I, CIAMATO S, et al. A Blockchain-based Trustworthy Cloud Services Digital Ecosystem[C]. *2022 IEEE International Conference on Cyber Security and Resilience*（*CSR 2022*）, 2022.

质和安全性。[1] 黄孟钧等（Huang et al.）在论文 "Research on Multi-modal Scene Design Under the Development of Digital Ecological Culture Industry" 中探讨了数字生态在文化产业演进过程中提升公众品质体验的文化场景设计研究策略。[2] 艾志红在文章《数字创新生态系统价值共创的演化博弈研究》中构建了数字创新生态系统价值共创的数字平台、核心企业和顾客三方主体参与的演化博弈模型，并研究了各主体在系统演化过程中对整个系统的影响，以及系统效应下主体成本和收益的变化。[3]

国内外研究现状表明，数字生态是一个复杂的概念，旨在实现数字信息在不同应用场景下的全面整合和高效利用，提升信息的智能性和生态性，以实现数字化时代的可持续发展。数字生态的构建已成为全球经济和社会发展的重要趋势之一，许多国家和企业都开始积极发展数字生态，以应对数字化时代的挑战和机遇。

三、研究意义

文化品牌设计与传播是数字文化产业发展的核心环节，关系到数字文化产品的创意、品质、影响力和竞争力。通过研究数字生态中的文化

---

[1] Hu J, Li X T. Construction and Optimization of Green Supply Chain Management Mode of Agricultural Enterprises in the Digital Economy[J]. *International Journal of Information Systems and Supply Chain Management*, 2021, 15 (2): 1-18.

[2] HUANG M, ZHANG Z. Research on Multi-modal Scene Design under the Development of Digital Ecological Culture Industry[J]. *International Journal of Education and Humanities*, 2023, 9 (1): 220-225.

[3] 艾志红. 数字创新生态系统价值共创的演化博弈研究 [J]. 技术经济与管理研究, 2023 (4): 25-30.

品牌设计与传播规律和策略，可以提高中国文化品牌创新能力，构建可持续发展的品牌生态圈。数字技术为文化资源的转化和开发提供了新的途径和手段，使优秀文化资源能够以更丰富、更生动、更具互动性的形式呈现给公众，激发大众对数字文化产品的兴趣和需求。[①]数字文化产业是文化产业的重要组成部分，也是数字经济的重要支撑。推动数字文化产业的高质量发展，有利于提升国家文化软实力，满足人民群众日益增长的精神文化需求，促进社会和谐稳定。[②]

随着数字化时代的到来，数字生态的建立使得文化品牌与数字化技术之间的互动更加频繁，也让文化品牌在数字化时代更容易被用户所接触和了解。

第一，本研究深入探讨数字技术对文化品牌设计与传播的影响和作用，在对用户深入了解的背景下，提出相应的策略和建议，可以帮助企业更好地利用数字技术来推广和宣传文化品牌。传统的单向传播方式已经无法满足当代用户的需求，数字生态中的文化品牌设计与传播研究有助于企业深入了解数字生态对文化品牌传播的影响，让文化品牌与用户之间的互动更加频繁和紧密。数字生态可以为文化品牌提供更广泛的传播平台和更精准的用户定位，同时也可以为用户提供更多元化的文化体验和更个性化的消费体验。研究数字生态中的文化品牌设计与传播可以深入了解数字化时代的文化品牌传播模式和用户行为特点，为企业提供更科学的市场分析和决策依据。数字生态中的文化品牌设计与传播研究可以为企业提供有效的传播策略和营销方法。在数字生态中，文化品牌

---

① 张玉玲. 数字文化产业将迎来新一轮大发展：解读《关于推动数字文化产业高质量发展的意见》[EB/OL].（2020-11-29）.https：//www. gov. cn/xinwen/2020-11/29/content_5565671. htm.

② 中华人民共和国文化和旅游部. 文化和旅游部关于推动数字文化产业高质量发展的意见[EB/OL]. https：//www. gov. cn/zhengce/zhengceku/2020-11/27/content_5565316. htm.

的传播不仅要考虑媒体传播的影响，还需要关注社交网络和新兴渠道的影响。因此，企业需要根据不同渠道的特点和用户的需求，设计出相应的传播策略和营销方法，提高文化品牌的曝光度和用户黏性。同时，数字生态中的数据分析技术也可以为企业提供更准确的用户画像和市场分析，从而更好地推广和宣传文化品牌。数字生态中的文化品牌设计与传播研究对于推进数字经济发展和文化产业升级具有重要意义。

第二，本研究对于促进我国的数字生态建设和发展，具有积极的作用。随着数字技术的不断发展，数字生态的建设已经成为国家战略的一部分。良好的数字生态不仅可以提升社会效率，促进经济发展，也可以为文化传播和文化产业的发展提供有力支持。因此，在数字生态建设中，文化品牌的设计和传播是非常重要的一环。首先，文化品牌设计和传播是数字生态中实现文化多元化和文化自信的重要手段。在数字生态中，文化品牌作为文化符号和文化载体，具有丰富的文化内涵和文化价值。通过设计和传播文化品牌，可以展示中国传统文化的魅力和特色，推广现代文化的创新和创意，传递文化多元化和文化自信的信息；可以满足人民群众日益增长的文化需求；还可以提升中国的国际影响力和话语权。其次，文化品牌设计和传播是数字生态中推动文化产业转型升级的重要手段。随着数字技术的不断发展和数字化经济的不断壮大，文化产业已经成为我国经济发展的重要支柱产业。在数字生态中，文化品牌作为文化产品和文化服务的重要组成部分，可以带动文化产业的发展和升级。通过设计和传播具有特色和品质的文化品牌，可以增强文化产品的市场竞争力和文化服务的品牌价值，实现文化产业的转型升级。数字生态的建设和发展不仅能够推动传统产业的转型升级，也能够培育和发展新兴产业，本研究能够为我国数字生态的建设和发展提供新的思路和方法。

第三，本研究有助于推进文化品牌的跨文化传播。在数字生态中，文化品牌的传播不再受时空和地域的限制，可以跨越国界和文化差异，实现跨文化传播。首先，数字生态中的文化品牌设计和传播具有强大的传播力和影响力。数字技术的发展使得信息的传播方式和范围都得到了极大的拓展，文化品牌设计和传播可以借助数字媒体的优势，实现全球范围内的传播和互动。例如，数字平台上的社交媒体、在线视频和数字游戏等已经成为全球文化产业的重要组成部分，通过这些平台和产品，文化品牌可以实现跨越时空和文化差异的传播。其次，数字生态为文化品牌设计和传播提供了全球化的市场机会。数字技术的发展使得人们可以通过数字平台进行全球范围内的商务活动，数字化的商业模式也为文化品牌的跨文化传播提供了新的机遇。在数字生态中，文化品牌可以通过在线营销、电子商务和数字化的供应链等方式，实现全球销售，打破地域和文化的限制，拓展国际市场。再次，数字生态中的文化品牌设计和传播需要更加注重跨文化传播和国际化战略的制定和实施。由于不同地域和文化背景的人群对文化产品的需求和接受程度有所不同，因此文化品牌设计和传播需要考虑不同文化背景的群体的需求和偏好，制定相应的跨文化传播策略和国际化战略。同时，文化品牌设计和传播也需要考虑不同国家和地区的法律法规、文化标准和市场规则等方面的差异，以避免文化冲突和营销失误。

通过对数字生态中的文化品牌设计和传播的研究，可以更好地理解不同文化背景下文化品牌的传播规律和特点，掌握跨文化传播的策略和方法，提高文化品牌的国际化水平和影响力。

第二章　文化品牌综述

一、文化品牌的概念及其内涵

文化品牌是指以文化为核心，通过创意、设计、传播等手段，塑造出具有独特价值和吸引力的形象符号。[①] 文化品牌涵盖具有文化意义和文化价值的并且有独特标记的产品，它们不仅满足用户的物质需求，还传递了一种文化信息和精神象征。文化品牌的核心是由深刻的价值内涵和情感内涵而构成的文化内涵，包括其凝练出来的价值观念、生活态度、审美情趣、个性修养、时尚品位、情感诉求等，这些内涵可以通过品牌名称、标志、口号、故事等方式表达和传播。文化品牌的业态不仅局限于某一种销售产品或服务，也可能是更广泛、无实体的社会文化载体。文化品牌的传播目标在于制造影响，通过聚合大众而产生文化现象，它可以形成一种品牌信仰和更广泛的传播效应，使大众对品牌产生高度认同感。

品牌塑造是为产品创建独特的名称、设计、符号，或为产品赋予一系列品质的过程，通过塑造品牌，大众可以快速识别该产品，并将其与市场上的其他产品区分开来。品牌塑造也是向用户传达品牌价值、个性和承诺并影响他们的认知和忠诚度的方式。品牌塑造可以涉及各种元素，例如，徽标、标语、颜色、包装、广告、网站、社交媒体和服务设计等，从视觉、体验、服务流程等维度帮助文化品牌区别于其他品牌，吸引用户并建立信任，从而帮助品牌获得更持久的发展。文化是包含多种含义，一方面，文化是艺术和其他人类智力成就的表现形式的统称，另一方面，

---

① 鲁元珍. 文化 IP 如何实现高质量发展 [N]. 光明日报，2018-11-07（15）.

文化是指特定国家、人民或其他社会群体的习俗、艺术、社会制度和成就，及特定社会群体的态度、行为特征，或特定人群在特定时间的生活方式，尤其是一般习俗和信仰。

优秀的文化品牌具有鲜明的文化特色、深厚的文化底蕴、广泛的文化影响和持久的文化价值，这些文化品牌可以满足用户的情感需求，传递出独特的品牌理念和精神，打造出强大的品牌忠诚度和口碑。中国的文化品牌一定是以中国历史为根基，融合历史、民俗、艺术等元素，创造出具有独特风格和价值的产品的文化品牌。这些文化品牌不仅展现了中国的文化自信和魅力，也满足了用户的审美和情感需求。一些知名度较高的中国文化品牌已经积累了深厚的文化内涵，这些内涵有的来自品牌自身悠久的发展史，有的来自中国源远流长的历史文化。无论以何种形式，它们均立足于对中国文化、中国精神的深刻理解之上，再以匠人精神构建传播模式，从而得到了来自全国乃至全球用户的认可。

在过去的研究中，往往有学者将文化 IP 与文化品牌等同，其实两者之间存在一定区别。一般来说，文化 IP 是指具有一定的知名度、影响力和忠实用户的文化内容，如小说、漫画、电影、游戏等，它可以通过多种形式和渠道进行传播和变现，而文化品牌更多的是人们对一个企业及其产品、服务、文化价值的一种评价和认知，是一种市场信任。文化 IP 更强调内容本身的吸引力和创新性，而文化品牌更强调企业形象的设计和传播。文化 IP 更注重跨界合作和多元化拓展，而文化品牌更注重自身定位和差异化竞争。文化 IP 更容易受到市场变化和用户喜好的影响，而文化品牌更具有稳定性和持久性。文化 IP 和文化品牌也存在一些共同点，例如，都需要具备创意、故事、情感和价值等要素，都需要有良好的口碑和忠诚度，都需要持续的运营和更新等。此外，一些文化 IP 本身也是文化品牌，而一个文化品牌也可以拥有多个孵化的文化 IP。由此可见，运营者在打造文化 IP 或文化品牌时，需要根据自身的目标和资源，选择合适的策略和方法。

二、文化品牌的价值

文化品牌通过表达和传播独特的文化内涵，可以展示文化的多样性和魅力，增进人们对文化的认识和理解，传承和弘扬优秀的文化传统，提高民族自豪感和自信心，促进文化创新和发展。通过积极参与公益活动、推广绿色环保、传递社会正能量等方式，可以培养大众的社会责任感，传递公益精神，为社会和谐稳定和可持续发展做出积极贡献。文化品牌具有良好的品牌形象和口碑，可以提高产品或服务的附加值和溢价能力，拓展市场份额和增强市场竞争力，促进企业品牌和业务的稳健发展，带动相关产业链的升级和发展。文化品牌也是国家文化软实力的重要体现，具有在国际上展示国家形象和文化自信、增强国家影响力和竞争力的作用。同时，文化品牌还可以通过文化外交、人文交流等方式，推动国际关系和平发展，促进国际交流与合作。文化品牌以文化价值为核心内驱力，以社会价值为发展外延，以经济价值为发展基础，以政治价值为发展基础。

（一）文化价值

第一，传承创新中华优秀传统文化。文化品牌通过对中华优秀传统文化的继承、发展和创新，使之与时代相适应，与市场相契合，为用户提供了富有文化内涵和审美情趣的产品和服务，从根本上提升了文化品牌的内在品质，同时也为中华优秀传统文化的弘扬和传播做出了贡献。在科技高速发展的当下，文化品牌借助越来越先进的产品研发技术、设计技术、数字媒体技术等手段，将传统文化与现代元素相结合，创造出独具特色的现代化文化产品和服务，以此扩大文化影响力，让更多人了解和认同传统文化的价值。在此基础上，文化品牌通过举办文化活动、组织文化交流等方式，结合线上与线下传播模式推广中华优秀传统文化，传播正能量，让文化品牌成为传递文化的使者和文化的代言人。

第二，传播中国精神。中华优秀传统文化是中华民族的文化根基，其蕴含的思想观念、人文精神、道德规范，不仅是中国人思想和精神的内核，对解决人类问题也有重要价值。[①]文化品牌能够通过自身影响力，运用产品、活动、媒体资源等，将品牌与传统文化联系起来，对内让更多的不同年龄层和不同生活方式的人群更了解中华优秀传统文化，对外也用一种自然而然的方式让更多人接受、理解与喜爱中华优秀传统文化。文化品牌在汲取中华优秀传统文化的基础上筑牢品牌自信、反哺当代文化，拉紧彼此共生共荣的纽带。其产品厚植于中华优秀传统文化土壤，是本土文化精神现代化重构中的重要内容，具有鲜明的民族性与时代性特征。

第三，提升文化创新力。文化创新力是指在传承和发展中华优秀传统文化的基础上，运用创新方式，使文化更加符合时代的需求，更具有生命力和创造力。文化品牌的创新力建立在对中华优秀传统文化的研究和挖掘的基础之上，文化品牌可以通过设立专门的文化研究机构或与相关研究机构合作，深入研究中华优秀传统文化，寻找具有创新潜力的文化元素进行再创造，并将其应用于产品设计和文化品牌的建设中。文化品牌能够更好地结合区域文化产业和资源优势特点，具备研发文化新产品、新形式、新业态的创新能力，能够结合相关科技与产业优势，加强对通用技术与装备的研发，以品牌的力量促进创新产业的发展。[②]随着科

---

① 唐尚书.国潮不是简单文化包装 [N].光明日报，2021-09-22（13）.

② 姜念云.完善体系建设，提升创新能力——对提升我国文化科技创新能力的若干思考 [EB/OL].（2014-03-06）.https://www.mct.gov.cn/whzx/bnsj/whkjs/201403/t20140306_750667.html.

技的不断发展，新技术手段为文化创新提供了更多的可能性。文化品牌可以借助新技术手段，如人工智能、虚拟现实（VR）、区块链等，创造出更具创新性和时尚性的文化产品和服务，提升文化品牌的文化影响力和市场竞争力。

（二）社会价值

文化品牌的社会价值是指其在传承创新中华优秀传统文化、提升中国文化品牌形象、满足用户精神需求、促进社会和谐等方面所发挥的积极作用。具体来说，文化品牌的社会价值有以下几个方面。

第一，促进文创产业的发展。中华优秀传统文化元素是文创产品设计中的重点，将优秀的传统文化和现代文化互动融合是文创产品设计的关键。每个文化品牌都将创作拥有自主知识产权的产品作为第一发展目标，进而形成以产品为核心的品牌自信，以口碑为标尺的品牌他信。在单一文化品牌发展的同时，近年来，我国通过设立文化创意产业园区、组建文化产业集团等方式，充分发挥规模效应，实现了文创产业集群式发展。与此同时，根据《"十四五"文化产业发展规划》，以数字文化产业形态推动中华优秀传统文化创造性转化、创新性发展同样重要，吸纳优秀中国元素，打造更多具有影响力的本土数字文化品牌是发展重点。[①]

第二，提升中国文化品牌形象。传统文化品牌通过展现中国的文化自信和魅力，增强了中国文化品牌的国际竞争力和影响力，树立了中国文化品牌的良好形象，为中国经济的发展和对外开放提供了有力支撑。传统文化的对外传播是双向的、互动式的跨文化交流，文化品牌的优势在于能够更多地从用户的角度和话语体系去建构传播内容、考虑传播策

---

① 中华人民共和国中共中央办公厅、国务院办公厅．"十四五"文化发展规划 [EB/OL]．（2022-08-16）.https://www.gov.cn/zhengce/2022-08/16/content_5705612.htm.

略，在知己知彼中增强优秀传统文化的传播实效。①

第三，满足用户精神需求。文化品牌通过满足用户对于个性化、多元化、高品质的消费需求，为用户带来了精神上的满足，增强了用户的幸福感和归属感，促进了用户的身心健康。文化品牌的需求一方面基于用户自身的精神追求，另一方面来自用户追逐潮流的心理。追逐潮流是每一代人年轻时共有的特征，但是对于现在的"90后""00后"一代而言，文化品牌更像是连接国际文化和中华文化之间的纽带。年轻人追随着时尚潮流的先锋，却也希望在潮流里能看到更多自己的影子。文化产品通过重拾经典的方式，帮助年轻人不断以新的方式进行具有高度民族认同感的自我表达，以此树立了文化自信，拉紧了彼此共生共荣的纽带。

第四，促进社会和谐。文化品牌通过弘扬中华优秀传统文化中的仁爱和睦、礼法合治、道德修养等价值观，培养了社会主义核心价值观，增强了公众的社会公德和社会责任感，促进了社会公平和社会稳定。②文化品牌可以通过选择价值内涵高度一致的文化元素，建立系统、科学、成熟的"品牌＋文化"运作体系，打造具有时代元素和现实意义的文化产品。在以博物馆为代表的中华优秀传统文化资源体系牵头的背景下，中国的各类文化品牌不断进行跨界融合，实现了文化与品牌的相互促进，文化价值与商业价值的双赢。与此同时，本土文化品牌消费的兴起与盛行，意味着国民开始逐渐摆脱对国际品牌的依赖，也意味着我国开始逐渐打破单一的"制造大国"的国际形象，逐渐走上创新产品和创制文化的发展之路。

---

① 邓凌月. 拓展中华优秀传统文化对外传播新途径 [EB/OL]. （2021-06-04）. http://www.china.com.cn/opinion/theory/2021-06/04/content_77548235.htm.
② 李军. 传统文化的当代价值：深入学习贯彻习近平总书记关于中华优秀传统文化的重要论述 [N]. 光明日报，2019-02-22（6）.

（三）经济价值

文化品牌的经济价值是指它们在创造经济效益、提高市场竞争力、拓展国际市场、促进产业升级等方面所发挥的积极作用。具体来说，文化品牌的经济价值体现在以下几个方面。

第一，创造经济效益。文化品牌通过合理利用传统文化资源，创造出具有独特价值和吸引力的产品和服务，满足了用户的多层次需求，增加了用户的付费意愿，从而提高了企业的利润。文化品牌通常从用户的日常生活方式入手，从关注与每一个人相关的"衣食住行"开始，从服饰、餐饮、文旅、器物、生活方式等方面入手打造产品。同时借助蓬勃发展的数字市场，通过数字平台和社交媒体的大数据精准推送提高曝光度，再联合电商企业提供零佣金或低佣金平台，给用户提供补贴，促进产品的销售，达到多赢共利的经济目标。

第二，提高文创产品竞争力。文化品牌通过展现自身的文化特色和差异化优势，增强了文化品牌的认知度和用户忠诚度，形成了文化品牌的核心竞争力，从而在激烈的市场竞争中脱颖而出，赢得了用户的青睐和信赖。文化品牌解决了传统文化的长期积淀与现代生活美学需求之间的矛盾，中国制造业的成熟为国潮的崛起打下了坚实的物质基础，其高质量和高性价比成了传统国货品牌焕然新生的助推器，也让不少新的文化品牌借助"国潮风"快速崛起。

第三，拓展国际市场。文化品牌通过借鉴和融合国际流行元素，打造出具有国际视野和全球影响力的产品和服务，满足了不同国家和地区用户的需求和喜好，从而拓展了国际市场，增加了国际市场份额，提升了中国文化品牌的国际地位。中国文化品牌拓展国际市场的方式有很多，例如，依托于地缘优势和数字化能力，中国文化品牌能够率先将版图拓展至亚洲，以此再向外扩张。其中很多文化品牌都将东亚各国与东南亚作为走向世界的跳板。随着全球华人的增多，也有一些新生文化品牌从一开始就将目光投向全球市场，尤其重视对年轻一代用户的培养。例如，霸王茶姬从成立之初就将开拓全球市场纳入发展战略，"以东方茶会世界友"为发展理念，结合年轻人的口味、生活方式与消费习惯，研制茶饮，是中国文化"出海"的典型案例。与各国较为成熟的本地品牌合作也是中国文化品牌"走出去"的有效方式，例如，中国品牌安踏，通过和意大利品牌斐乐的合作实现了文化品牌的海外重塑，并以此为根基逐渐发展，目前已通过收购多个海外品牌，形成了国际化品牌矩阵。

第四，促进产业升级。文化品牌通过不断地创新和改进，引入现代技术和设计理念，提高了产品和服务的质量和水平，从而促进了相关产业的升级和转型，推动了产业结构的优化和调整，为产业发展注入了新的活力。中国文化品牌的崛起，不仅为中国文化品牌赋能，更是中国文化品牌向上发展的驱动力，展现出国家自信、文化自信、市场自信和品牌自信。如今，中国已确定了制造业向更高附加值升级发展的战略目标，提出了"推动中国制造向中国创造转变、中国速度向中国质量转变、中国产品向中国文化品牌转变"的"三个转变"方向，品牌战略已经成为中国的国家战略。因此，本土文化品牌的崛起对于整个产业的升级发展有着重要的意义。[①]与此同时，文化品牌在传承和创新中华优秀传统文化的过程中，不断锻造具备创新能力和文化素养的人才队伍，通过建立文化创新团队、设立文化奖项等方式，吸引和培育具有文化创新和创造力的人才，为文化产业的发展提供了源源不断的动力和支持。

（四）政治价值

虽然文化品牌的主要关注点通常是文化和社会领域，但政治因素对文化品牌的发展也具有深远影响。政府的政策、法规和规范性文件可能

---

① 王嘉婧，沈沁怡. 中国之潮：国潮研究报告 [R]. 北京：清华大学文化创意发展研究院，2019.

会对文化品牌的运营产生直接或间接的影响，政治的稳定与变动、政府政策的开放程度等因素都可能对文化品牌的市场准入、品牌形象和市场地位产生影响。此外，文化品牌的政治价值还体现在民族认同、身份认同和国际认同等方面。

第一，激发民族自豪感、认同感和归属感。2021年，在人民日报发表的文章《传承弘扬中华优秀传统文化》中指出，"深入实施中国传统节日振兴工程，让人民群众在实践中体悟中华优秀传统文化，不断增强对中华优秀传统文化的认同感。从经济、政治、民族团结进步教育全方位、各领域增强中华文化认同，促进各民族交往交流交融，铸牢中华民族共同体意识。"[①]"传承发展中华优秀传统礼仪文化，建立和规范礼仪制度，不断增强人们的认同感和归属感。"[②]由传统文化发展而来的文化品牌具有独特的历史背景和文化底蕴，这些历史元素和文化符号可以代表一个民族的文化特点和精神，可以在不断进行文化创新的过程中创造出更符合时代需求和民族精神的产品和服务，激发人众的民族白豪感，同时也使大众对文化品牌本身产生更强的认同感。

第二，增强国际影响力和竞争力。一是要加强精品意识，推出优质的文化产品，突出内容的原创性和特色性。二是要推进相关的组织体制和平台的建设，利用改革开放的政策和经济、产业的优势，拓展国际市场和合作。三是要充分发挥科技力量，利用大数据、互联网、VR等新技术，让传统文化以更新颖的形式呈现，吸引更多国际观众的喜爱。四是要提升中国文化活力和自信，借助国潮国风兴起的新风尚，将具有浓郁东方文化意蕴的传统文化融入文化内容的生产与推广中，续写中华民族文化的新辉煌。[③]

---

① 郝琴，卫建国．有的放矢：用礼仪制度增强认同感和归属感 [N]．人民日报，2020-06-09（9）．

② 孙雷．传承弘扬中华优秀传统文化 [N]．人民日报，2021-02-18（9）．

③ 鲁元珍．提升中国文化产品的国际竞争力 [N]．光明日报，2019-06-02（5）．

　　第三，正向引导社会生活和政治活动，实现"扬善抑恶"的社会目标。文化品牌应当以积极向上的价值观为导向，引领社会价值观的正确发展。通过塑造符合社会公德心、职业道德和家庭伦理等的正确价值观，积极推进社会文明进步和和谐发展。众多文化品牌借助自身的传播影响力，通过公益与产品结合的方式开展公益事业，如扶贫济困、环境保护、灾难救援等，以此来回馈社会，提高社会公信力。这不仅可以增强品牌形象和美誉度，还可以促进社会和谐稳定。例如，由支付宝发起的"蚂蚁森林"活动，通过鼓励用户通过低碳行为产生"绿色能量"积分，当"绿色能量"积累到一定程度后，用户可在平台申请在生态亟须修复地区认领种植一棵树。该产品于 2016 年上线，截至 2021 年，已种下 3.26 亿棵树，同时通过给各地的生态保护项目创造了种植、养护、巡护等 238 万人次的绿色就业机会，获得了 2019 年联合国颁发的"地球卫士奖"。支付宝通过"蚂蚁森林"这一产品，从环保、创收、就业帮扶等多个层面，树立了积极引导社会正能量的文化品牌榜样。

三、塑造文化品牌的要素

　　塑造一个成功的文化品牌需要多方面要素，在已有研究中，这些要素主要包括品牌定位、品牌身份、品牌故事等。凯文·凯勒（Kevin Keller）在著作《战略品牌管理：建立、衡量和管理品牌资产》（*Strategic Brand Management: Building, Measuring, and Managing Brand Equity*）中强调了品牌定位、品牌身份、品牌故事、品牌体验等要素在塑造品牌价值和认知上的重要性。① 戴维·A.艾克在著作《创建强势品牌》（*Building Strong Brands*）中强调了品牌身份、品牌故事、品牌沟通等要素在品牌塑造中的作用，以及如何通过这些要素来建立强大的品牌。② 让–诺埃尔·卡普弗尔（Jean-Noël Kapferer）在著作《新战略品牌管理：超前洞察与战略思维》（*The New Strategic Brand Management: Advanced Insights and Strategic Thinking*）中阐述了品牌建设的战略思维和关键要素，他强调了品牌定位、品牌身份、品牌声誉等要素在塑造品牌独特性和价值上的重要性。③

文化品牌本身具有一定的文化底蕴，更需要在品牌塑造过程中与用户产生情感上的连接。文化品牌塑造的要素包含五个层次，分别为核心价值与定位的确立、引发情感共鸣、保持独特而一致的品牌识别、讲好品牌故事和持续创新。

（一）核心价值与定位的确立

明确文化品牌的核心价值和定位是文化品牌塑造的首要任务。品牌塑造不仅仅是一种营销策略，更是企业与用户建立情感联系的重要手段，通过品牌塑造可以体现文化品牌的文化理念和产品的特点。文化品牌应该明确表达品牌的核心使命、愿景和目标，并与用户共享共同的价值观。品牌定位和价值观是品牌身份的基石，能够吸引高忠诚度的用户群体。

核心价值与定位的确立能够增加企业在市场中的辨识度，与用户建立更强的联系，并迅速地与竞争对手形成区分。明确文化品牌的核心价值和定位可以使企业在竞争激烈的市场中脱颖而出，建立起独特的品牌

---

① KELLER K L, PARAMESWARAN A M G, JACOB I. *Strategic Brand Management*：*Building*，*Measuring and Managing Brand Equity*[M]. India: Pearson, 2015: 57-89.

② AAKER D A. *Building Strong Brands*[M]. New York: Simon and Schuster, 2012: 212-246.

③ 卡普费雷尔. 战略品牌管理 [M]. 5 版. 北京：中国人民大学出版社，2020: 27-59.

形象和声誉。明确文化品牌的核心价值和定位需要从品牌的文化理念出发，包括文化品牌的核心价值观、使命和愿景，以及企业的行为准则和行事方式。通过深入了解企业的文化理念，可以确定品牌要传达的核心价值。一个明确的文化品牌能够增强品牌的认知度和辨识度，使用户更容易识别和记住企业的品牌，并建立对文化品牌的信任和忠诚度。

文化品牌通过传达企业的文化理念和价值观，能够与用户建立情感联系。一个具有独特文化品牌的企业能够激发用户的情感共鸣，使他们对文化品牌产生认同感和归属感，从而增强用户的品牌忠诚度，促使他们选择企业的产品或服务。在明确文化品牌的核心价值和定位时，需要对目标市场和用户需求进行详细的分析。了解目标市场的用户特点、需求和偏好，以及他们对文化品牌的期望和认知，以帮助企业确定适合目标市场的核心价值和定位。

在市场竞争中，差异化是企业获取竞争优势的重要途径。文化品牌通过明确其核心价值和定位，突出企业的文化理念和产品特点，能够帮助企业与竞争对手形成明显的差异化，吸引目标用户，可以找到突出的卖点和优势，实现市场份额的增长。

明确文化品牌的核心价值和定位，体现企业的文化理念和产品特点，对于塑造一个成功的文化品牌至关重要。通过深入了解企业的文化理念、分析目标市场和用户需求，突出产品特点和竞争优势，以及设计明确的品牌识别标志，可以明确文化品牌的核心价值和定位。通过传达文化理念、突出产品特点和塑造品牌体验，可以将企业的文化理念和产品特点体现在文化品牌的传播中，与用户建立情感联系和忠诚度，从而塑造一个成功的文化品牌。

（二）引发情感共鸣

文化品牌需要与用户的个人或集体身份、情感和体验相联系，通过情感上的共鸣，文化品牌能够在用户心中留下深刻的印象，增加文化品牌的认同感和忠诚度。文化品牌的优势在于通过引入文化因素来导入用户情感，增强文化品牌的个性和表现力，建立文化品牌与用户之间的情感联系。这一要素看似是充满感性，但实际上文化品牌在引发情感共鸣时，有许多具体的方法和策略可以使用。例如，品牌故事、文化共鸣、情感体验、共同价值等。

品牌故事是一个非常有效的方式，可以让用户与文化品牌建立情感连接。通过讲述文化品牌的发展历程、核心价值观和使命，以及背后的故事和创始人的动力，可以激发用户的共鸣和情感参与。一个好的品牌故事能够触动用户的内心，让他们对文化品牌产生认同感和共鸣。文化共鸣和身份认同相关联，文化品牌可以通过与目标用户的文化共鸣和身份认同来建立情感联系。身份认同是指个体对自己所属的社会群体、文化、价值观或角色的认同感和归属感。它是一个人对自己所处的社会群体或集体身份的认同和接纳程度。身份认同是个体在社会互动中建立起来的，它可以基于个人的特征、背景、信仰、兴趣爱好等多个方面。而文化身份认同是基于个体所属的文化背景、民族特点和价值观形成的认同。文化身份认同强调个体对自己的文化传统、价值观和所属群体的认同感。在文化品牌塑造过程中，可以通过理解目标用户的文化背景、价值观和兴趣来实现。通过将文化品牌与目标用户的文化联系起来，引发用户的情感共鸣。

文化品牌还可以通过创造情感体验和参与活动来引发用户的情感共鸣，通过品牌活动、艺术展览、音乐会、文化节庆等方式实现。这些活动和体验可以创造一个与品牌相关的情感场景，让用户与文化品牌互动并产生情感共鸣。许多文化品牌都通过这类活动来维系与用户之间的情感关系，尤其是在一些重要的节日。例如，可口可乐公司经常举办促销活动和庆祝活动，特别是圣诞节期间，许多国家都会出现可口可乐公司策划的相应活动。在中国，春节也是各个文化品牌都非常重视的节日，品牌方都会在这个大众情感较为浓烈的节日推出丰富的广告、公关活动、音乐会和艺术展览等。这些节日活动不仅给用户带来愉快的体验，还能够使他们对文化品牌产生积极的情感连接。

另外，文化品牌通过承担社会责任，以及与用户共享共同的价值观，能够引发情感共鸣。当文化品牌表达出对社会的关注时，用户会对文化品牌产生情感认同和共鸣。

中国的知名品牌华为就是运用情感共鸣塑造品牌形象的成功案例。华为通过身份认同成功地塑造了品牌价值。在全球化的品牌宣传中，华为公司始终积极强调自己的中国文化背景，并将其与品牌形象紧密联系起来。他们在品牌宣传和广告中突出展示中国的传统文化元素和价值观，例如，中国的哲学、诗词和戏曲艺术等。这种强调中国文化的做法有助于用户建立对华为作为中国品牌的身份认同，有助于强化用户将华为视为中国创新力的代表的认识。华为在科技领域取得的显著成就也帮助其成功地建立了技术领导地位。例如，华为公司在5G技术、人工智能、云计算等领域的创新和发展，在全球范围内赢得了广泛的赞誉和认可。这种技术领导地位不仅让用户对华为的技术实力产生认同，作为中国科技企业的代表和引领者，也为华为塑造了一种身份认同。华为积极鼓励用户的参与和互动，并通过社交媒体、用户论坛和活动等渠道，积极与用户进行沟通，建立与用户之间的紧密联系，进而形成与用户之间的共同体感。华为还关注用户的需求和反馈，并将其纳入产品开发和创新过程中。这种用户参与和共同体感的建立让用户产生了对品牌的身份认同，将华为视为他们所属的群体和社区的一部分。

文化品牌引发情感共鸣需要通过品牌故事和情感连接、文化共鸣和身份认同、情感体验和参与以及社会责任和共同价值观等方式实现。当用户与品牌产生情感共鸣时，用户更有可能选择购买、支持和忠诚于品牌，从而促进文化品牌的发展。

（三）品牌识别的独特性与一致性

文化品牌和所有品牌一样，需要有独特而统一的品牌识别系统。在数字媒体技术高度发展的当下，视觉识别和体验识别同样重要。视觉识别是文化品牌塑造中至关重要的一环。一个成功的文化品牌应该拥有独一无二并且具有较高识别度的视觉元素，如标志、配色方案、字体等。这些视觉元素应与文化品牌的定位和理念一致，并能在各种传播渠道中进行一致的视觉呈现。除了视觉识别，文化品牌在各个接触点上也应提供一致的品牌体验。从实体展览、线下活动到线上平台和社交媒体，文化品牌都应在不同的触点上传递一致的信息、情感和体验，确保用户对文化品牌的整体印象和认知一致。

（四）品牌叙事

故事叙述。故事叙述是一个文化品牌成功的关键。通过精心构建和传播品牌故事，文化品牌能够更好地传达其独特性、使命和影响力。故事能够激发人们的情感共鸣，让用户更深入地理解和关注文化品牌。

（五）持续创新与适应性

大部分文化品牌都会面临一个同样的问题——品牌识别的再设计。随着时代的发展，文化品牌为了不断吸引更年轻的用户而更新品牌识别系统，如何达成创新和传统的平衡成为每一个文化品牌都需要解决的问题。创新的前提是品牌需要充分了解用户的需求，不仅要迎合年轻的用户，也要了解已经成熟的消费群体对文化品牌的看法，进行市场调查以衡量他们的偏好和期望，在更新品牌识别的同时也应留住已有的用户群体，并延续文化品牌的传统。

在数字化背景下，文化品牌可以通过引入新的技术、创新的展示方式、与新兴领域的合作等方式，保持其新鲜感和吸引力。品牌元素的媒介适应性、社交媒体的传播特征、电子商务能力、在线声誉管理也尤为重要。

1. 品牌元素的媒介适应性

品牌识别的核心元素是品牌标识，在更新品牌标识时应确保新的视觉元素和信息能够在网站、社交媒体平台和移动应用程序等数字渠道中有效转化，因此标识的设计应实现响应式设计、移动优化和无缝用户体验。在文化品牌基本元素的设计中，可通过家族式、动态化的设计来丰富基本的文化品牌的字体、辅助图形和品牌标志，尽可能地让每一环节都通过系统化的设计来拓展视觉元素，并让这些元素能够运用于多种场景。在品牌指南的设计中，应制定清晰的品牌指南，提供大小、间距、比例和其他设计注意事项的规范，以保持跨平台的一致性和适应性。例如，与在跨媒体设计方面有丰富经验的设计师密切合作，确保视觉元素在不同媒体格式之间能有效适应。考虑创建视觉元素的变体或替代版本，包括小图标的简化版本、不同方向的水平或垂直布局，或针对特定社交媒体中个人资料图片尺寸的改编，以适应特定的媒体要求或限制。定期审核文化品牌在不同媒体平台上的视觉元素，及时发现问题。随时了解不断发展的设计趋势、设计技术和媒体格式的变化，以确保文化品牌在视觉上保持相关性。

2. 社交媒体传播创新

社交媒体的多向传播为文化品牌提供了更立体的传播渠道，品牌传播已从过去的单向传播变为了双向互动。文化品牌通过官方社交媒体平台发布的内容，引导更广泛的用户自发生成新的内容并传播。多身份的用户在社交媒体上综合运用短视频、图文、微电影等多种方式创造传播力更强的品牌故事，通过更具趣味性、创意性的数字化内容分享品牌轶事和幕后花絮，文化品牌利用讲述品牌故事的方式吸引更广泛的用户了解品牌的文化意义，并鼓励文化品牌追随者分享他们与品牌文化相关的经历。品牌方还会开展 UGC 活动、竞赛或挑战，邀请用户贡献内容，创造互动体验，让用户积极参与直播、互动测验、投票、挑战或小游戏，展示他们与文化品牌的联系，以此提升用户对文化品牌的共同体感，同时这些活动产生的高质量内容又会进行多次传播，达到辐射力更强的传播效果。

除此之外，高品质的跨界合作也是品牌形象创新的有效方式。品牌方可以与能够真正将文化品牌融入其内容并与追随者分享经验的话题领袖一起合作，因为能够成为话题领袖的用户往往具备专业的传播能力，独特的创新能力，以及庞大的粉丝数量，与话题领袖合作能够有效扩大文化品牌的信息传递，并为社交媒体传播注入全新的视角；也可以与优秀的数字艺术家或插画家合作，以前卫的艺术表达形式重新诠释品牌的文化元素。例如，创建交互数字艺术作品、动画视频或增强现实体验，以新鲜和引人入胜的方式展示和传承品牌文化遗产；还可以与当地工匠建立合作关系，通过内容制作突出合作背后的工艺、传统技术和故事，以展示文化品牌对文化遗产的保护。

3. 电子商务模式创新

文化品牌的商业模式创新是品牌能够不断发展的原动力，通过在电子商务模式中实施创新策略，文化品牌可以扩大影响范围，吸引更广泛的用户，并成功地在线上平台销售其文化产品，促进文化的保护和推广。提升文化品牌的电子商务技术、体验设计、物流技术等都是文化品牌创新发展的重要指标。电子商务技术方面，文化品牌可以与领先的电子商务平台合作，创建用户友好且直观的电子商务平台，利用大数据分析技术，了解用户偏好、购买历史和浏览模式，为用户推荐具有文化相关性的产品，增强用户体验并鼓励用户重复购买。文化品牌还可以在电子商务网站平台上通过数据分析整合社会证明要素，例如，用户评论、推荐和评级等，通过用户的积极评价和推荐增强潜在买家的信任和信心。体验设计方面，文化品牌可以利用虚拟现实（VR）技术或增强现实（AR）技术，打破时空限制，让用户虚拟试穿传统文化服饰、配饰或试用其他品牌产品，增强用户在线购物的信心。文化品牌还可以对产品的文化背景进行深入挖掘和研究，基于真实的历史故事或者文化传承打造品牌故事，制作详细而真实的产品介绍，突出产品的文化意义，进而让用户与文化品牌之间建立更深层次的联系。物流方面，要优先考虑高效的运输方式和精心的包装设计，以确保积极的用户体验。例如，文化品牌可以实施具有跟踪选项的可靠运输方式，使用反映品牌文化美学的包装材料，强化品牌身份。另外，文化品牌需承担社会责任，遵守公平贸易惯例或社区倡议，以此吸引更高层次的、具有社会意识的用户，提升文化品牌的价值。

4. 在线声誉管理提升

声誉传播对文化品牌来说具有十分重要的价值。互联网为文化品牌提供了覆盖广泛的在线传播平台，在当今的数字环境中，在线声誉的好坏直接影响品牌形象的塑造。强大的在线声誉可以将文化品牌与竞争对手区分开来，突出其独特的品质、用户满意度和文化意义。强大的在线声誉也有助于建立独特的品牌标识，使文化品牌在用户心目中脱颖而出。通过始终如一地提供优质的产品、卓越的客户服务，以及保持透明和响应迅速的在线形象，可以建立用户对文化品牌的信任和忠诚度。鉴于在线声誉对品牌塑造的重要意义，企业有必要重视对在线声誉的管理。管理在线声誉，要注重对数据的反馈、分析和优化。例如，监控和管理用户评论、用户推荐等内容，优化搜索引擎等都能够较好地维护文化品牌的在线声誉，构建更为强大的在线形象，进而建立潜在用户对文化品牌的信任和忠诚度。管理在线声誉，还应注重与用户的互动，通过互动，解决用户顾虑，并与其建立有意义的联系。例如，满意度较高的用户可能会成为文化品牌的拥护者，通过他们的积极评价和推荐进一步提升品牌声誉。当出现品牌危机时，由于影响力越大的文化品牌容易受到公众监督和负面反馈的影响，因此，用户的积极评价有助于文化品牌保持正面形象。

总之，在线声誉管理对品牌形象塑造至关重要，在线声誉管理使文化品牌能够监控产品数据及用户评价，当出现负面反馈或危机时，品牌方能迅速做出反应，减轻声誉损失并保持用户的信任。在线声誉管理不仅仅是短期的成功，它还有助于文化品牌的长期发展，有助于在数字时代维持文化品牌的文化传承。

第三章　数字生态综述

一、数字生态的概念与内涵

数字生态系统的概念随着时间的推移不断发展和演变。最初，"数字生态系统"是一个相对简单的概念，仅指数字技术和互联网上的企业、技术和用户之间的关系。随着时间的推移，数字生态系统变得更加复杂和细化，并逐渐发展成为具有更广泛概念的"数字生态"，数字生态包括了更多的主体、领域、技术、服务、平台和更多相关的参与者，并强调了它们之间的相互关系、协作和影响。在数字生态中，政府组织、社会组织、企业组织和个人等社会经济主体通过数字化、信息化和智能化等技术，进行连接、沟通、互动与交易等活动，形成围绕数据流动循环、相互作用的社会经济生态关系。

随着数字技术和数字化商业模式的快速发展，数字生态已经演变为一个更加全面和综合的系统化理论。数字生态已经成为一个跨越各种行业和领域的概念，它包括数字技术、数字化服务和数字化商业模式在内的所有因素，这些因素相互交织、相互作用，形成了一个复杂的生态。数字生态的内涵包括数字生态基础设施、数字生态平台、数字生态应用和数字生态治理等方面。数字生态是一种全新的商业模式和商业形态，具有自我组织、可扩展性和可持续性等特点，是数字经济时代的重要组成部分。数字生态的演变还带来了新的挑战和机遇，需要不断地探索和创新，以适应不断变化的环境。

中共中央、国务院印发的《数字中国建设整体布局规划》提出，数字生态的概念是指一个分布式、自适应、开放的社会技术系统，具有自我组织、可扩展性和可持续性的特性，其灵感来源于自然生态系统。数字生态系统是数字经济时代的新型商业模式和商业形态，是一种基于互联网技术和数据资源的全新商业模式，具有开放性、共享性和协同性等特点。数字生态是由多个数字平台和数字服务构成的复杂体系，这些平台和服务之间相互连接、相互作用，形成了一个完整的数字生态网络。数字生态建设是重要的国家发展战略，有利于推动数字技术的创新突破和数字经济的全球普惠，也有利于提升政务、文化、社会和生态文明建设的水平。中国数字生态建设按照"2522"的整体框架进行布局，即夯实数字基础设施和数据资源体系"两大基础"，推进数字技术与经济、政治、文化、社会、生态文明建设"五位一体"深度融合，强化数字技术创新体系和数字安全屏障"两大能力"，优化数字化发展国内国际"两个环境"。这是一个系统性的规划，也是一个具有前瞻性的规划。[1]

综上所述，本书认为，数字生态是指由数字技术和数字平台构建的互动网络，包括各种数字产品、服务、应用程序、用户和数据等元素的集合体。它是在数字化时代中形成的一种新型生态，通过数字技术的连接和交互，构建了一个多元化、相互依赖的生态环境。

二、数字生态构建原理

数字生态架构模型是一个基于数字技术、数据和信息交流的概念，其目的是在数字环境下，将多个独立的数字平台、数字应用程序、数据

---

[1]　中华人民共和国国务院.数字中国建设整体布局规划[EB/OL].（2023-02-27）. https://www.gov.cn/xinwen/2023-02/27/content_5743484.htm.

源、硬件设备等资源整合为一个互相协作的系统，它的基本原理是将所有数字资源与数据连接起来，使其成为一个相互协作、自我学习和发展的生态。该模型具有三个构建原理，包括资源整合、数据交换和协同工作。数字资源的整合涉及对多种数字技术、数字平台、数字应用程序、数据源等资源的整合，以形成一个协同的数字生态。数据交换包括了多种数据的交换方式，如传统的数据交换方式和数字化的数据交换方式。协作则指在数字生态中，各种数字资源之间的协同工作，以实现更高效的业务操作。

1. 资源整合

数字资源是数字生态的核心组成部分，数字资源之间的交互方式包括数据交换、数据共享和数据协作等方式。资源整合是数字生态模型中的关键原理之一，它涉及将各种资源整合在一起，以创造更大的价值。这些资源可以是物质资源、技术资源、人力资源、财务资源等。数字资源之间的相互关系包括彼此之间的依赖关系、协作关系和交换关系。资源整合的目的是提高资源的利用效率，降低成本，促进创新和增长。资源整合可以将不同来源和类型的资源整合在一起，以提高资源的利用效率。通过数字平台和技术，企业可以将分散的资源整合起来，实现资源的共享和协同利用。例如，共享经济平台可以将个人的闲置物品整合在一起，提供给其他需要的用户使用，实现资源的充分利用。资源整合可以帮助企业降低成本，提高效益。通过整合供应链中的各个环节，企业可以实现规模经济效应，减少物流成本、人力成本和采购成本等。同时，资源整合还可以减少冗余和重复投资，提高资源的利用效率，从而降低企业的总体成本。资源整合为企业提供了更多的创新机会。通过整合不同类型和来源的资源，企业可以打破传统的行业边界，实现资源的交叉融合和创新组合。这种资源整合促进了跨界合作和开放创新，为企业带来新的增长机会和竞争优势。

2. 数据交换

数字生态架构模型的另一个核心组成部分是数据交换。数据交换是数字生态模型中的另一个重要原理，它强调数据在数字生态中的流动和共享。数据交换涉及数据的收集、存储、分析和共享，以获取有价值的信息。数据交换的目的是提供决策支持、优化用户体验、提高效率和创造新的价值。数据交换依赖于数据的收集和存储。通过各种数字技术和传感器，可以收集大量的数据，包括用户行为数据、交易数据、环境数据等。这些数据被存储在云端或大数据平台中，供后续的分析和应用。数据交换的核心在于数据分析和数据洞察。通过数据分析技术，可以从海量的数据中提取有价值的信息。数据分析可以帮助企业了解用户需求、市场趋势、产品性能等方面的情况，为决策提供依据和指导。数据交换还强调数据的共享与合作。企业可以与其他参与者共享数据，通过数据共享，实现协同创新。数据共享可以促进跨组织和跨行业的合作，打破信息孤岛，提高整体效能和创新能力。

3. 协同工作

协同工作是数字生态模型中的另一个重要原理，它强调不同参与者之间的协作和合作。协同工作涉及不同参与者之间的信息共享、任务分工、资源协调等方面，以实现共同的目标和创造更大的价值。协同工作依赖于信息的共享和沟通。通过数字平台和工具，不同参与者可以共享信息、交流想法和意见，实现有效的沟通和协调。信息共享可以促进合作伙伴之间的互动和信任，推动协同工作的顺利进行。协同工作还涉及任务的分工和合作。不同参与者根据各自的优势和专长，共同承担任务和责任，形成高效的协同工作机制。任务分工和合作可以提高工作效率、加速创新进程，实现协同效应和资源互补。协同工作需要进行资源的协调和整合，不同参与者之间可能存在资源差异，通过资源的协调和整合，可以实现资源的优化配置和共同利用。资源协调可以避免冗余和浪费，提高资源的效率和利用率。

资源整合、数据交换和协同工作是数字生态模型中的三个主要构建原理。资源整合促进资源的共享和协同利用，提高效率和创新能力；数据交换强调数据的收集、分析和共享，提供决策支持和创造新的价值；协同工作强调不同参与者之间的协作和合作，实现共同目标和创造协同效应。这些原理共同构成了数字生态的基础，推动数字经济的发展和创新。

三、数字生态架构

数字生态的基本架构由生态主体及参与者、技术环境、组织环境共同组成（图3-1）。

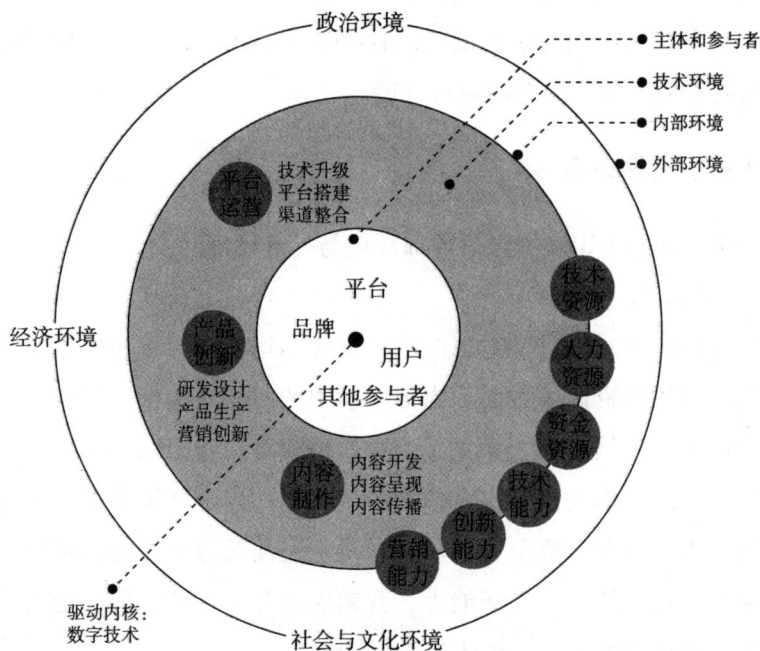

图 3-1　数字生态架构图

（一）生态主体及参与者

数字生态的生态主体可以包括多个参与者，如企业、用户、开发者、媒体、供应商、合作伙伴等，这些参与者在数字平台上互相合作，共同创造价值。他们可以是数字产品和服务的提供者，也可以是数字平台的使用者和受益者。数字生态通过各个参与者的互动，形成了一个共同发展和互惠的体系。

（二）技术环境

数字生态的存在和发展依赖于技术环境，技术环境指在软件开发和实施过程中，所涉及的硬件、软件、网络等技术要素的集合。主要包括数字化媒介、智能技术、社交媒体平台、大数据分析、数字化资源等。数字技术为整个生态提供了基本的数字化服务，其通过产品创新和内容制作两个环节，利用在线市场、社交媒体平台、移动应用程序等数字化媒介实现了与多用户身份的交互。这些数字技术、媒介、应用程序和平台等共同构成了数字生态的运行环境。

（三）组织环境

数字生态的组织环境包括内部环境与外部环境。

1. 内部环境

内部环境指的是数字生态内部的组成和运作情况，包括数字生态内部的组织结构和资源等方面。内部环境中的组织结构指数字生态中各个主体之间的层级结构、合作关系、合作模式等，组织结构的不同形式会影响数字生态内部的决策、合作和协调机制。内部环境中的资源包括技术资源、人力资源、资金资源等，同时它还涉及数字生态内部的各种能力，例如，技术能力、创新能力、营销能力等。这些资源和能力对数字生态的发展和竞争力的提高具有重要影响。

2. 外部环境

外部环境指的是数字生态外部的环境因素和影响，包括经济环境、政策环境、社会环境、文化环境等方面。外部环境中的经济环境包括数字生态所处的市场结构和竞争态势；政策环境包括政府的政策、法规和监管措施；社会环境和文化环境包括社会文化、价值观念、消费习惯等因素。

四、数字生态特征

（一）平台性

数字生态是由多个平台组成的，平台是连接不同主体和资源的中介，可以提供数据、服务和产品等。数字生态的平台性体现在其能够为文化品牌、用户和媒介提供一个共同的平台，使这些要素能够在同一数字环境下互动和交流。这个平台不仅仅是一个简单的应用程序或网站，它还包括一系列的服务和功能，可以让用户与文化品牌互动、媒介发布内容、文化品牌与用户进行营销活动和数据分析，等等。数字生态作为一个平台，还能够连接和整合各个参与者和资源，促进合作和创新，实现共同的价值创造和共享。平台性是数字生态的核心特征之一，对于数字经济的发展和数字化转型至关重要。

数字生态作为平台，提供了基础设施和服务，包括数字技术和平台的建设、运营和维护等。它为参与者提供了一个共享的数字基础设施，使其能够进行数据交换、资源整合和协同工作；数字生态平台的关键功能是连接和整合各个参与者和资源。它将企业、用户、合作伙伴、供应商等多个参与者连接在一起，形成一个互动的网络。同时，数字生态平台还整合和利用各种资源，包括物质资源、技术资源、人力资源等，以创造更大的价值；数字生态平台通过促进参与者之间的合作和创新，实现了价值的共创。平台提供了一个开放的环境，使参与者能够共同参与价值链的不同环节，共同创造和分享价值。这种开放性和合作性的平台特性促进了创新；数字生态平台能提供个性化和定制化服务。通过数字技术和数据分析，平台可以根据用户的偏好和需求，提供个性化的产品和服务。这种个性化和定制化的服务能够提高用户的参与度和忠诚度，推动数字生态的增长和发展；数字生态平台还提供了规则和治理机制，以确保参与者的合法权益和平等竞争的环境。平台通过制定规则和政策，管理和监控参与者的行为，维护数字生态的稳定和可持续发展。

数字生态平台具有重要的作用和意义。第一，促进创新和创业。数字生态平台为创新和创业提供了一个开放和合作的环境。通过平台，创新者和创业者可以与其他参与者进行合作，分享资源和知识，实现跨界合作。平台还提供了创新支持和孵化服务，帮助创新者进行创意转化。第二，加速数字化转型。数字生态平台能够加速企业的数字化转型过程。通过平台，企业可以整合和利用数字技术、数据和资源，提高运营效率和创新能力。平台还为企业提供了数字化工具和解决方案，帮助企业实现数字化转型的目标和愿景。第三，提供个性化和优质服务。数字生态平台具有个性化和定制化服务的能力。通过平台，企业可以根据用户的需求和偏好，提供个性化的产品和服务，提升用户体验和满意度。这种个性化和优质的服务能够增强用户的忠诚度和黏性，促进企业发展。第四，实现资源优化和共享。数字生态平台通过资源的整合和共享，实现了资源的优化配置和共同利用。平台提供了一个连接和交流的平台，使企业能够共享资源和协同工作，降低成本，提高效率。这种资源优化和共享的模式能够实现资源的充分利用，推动整个生态的发展。第五，促进合作和生态共赢。数字生态平台促进了参与者之间的合作。通过平台，企业可以与合作伙伴或供应商进行合作，实现资源共享和优势互补。这种合作共赢的模式能够促进整个生态的协同发展，实现更大的价值和收益。

数字生态作为平台，具有连接参与者和资源、促进价值共创、支持个性化和定制化服务、提供规则和治理机制等特征。这种平台性的特征对于数字经济的发展和数字化转型至关重要，它能够促进创新和创业、加速数字化转型、提供个性化和优质服务、实现资源优化和共享，促进合作和生态共赢。因此，数字生态平台的建设和发展是推动数字经济发展的关键。

（二）开放性

在数字生态中，开放性指的是数字平台对于外部参与者的开放程度和自由度。数字生态是一个多方参与的生态系统，包括品牌、用户、媒介、开发者、合作伙伴等多方面的参与者。数字平台的开放性可以促进这些参与者之间的交流和合作，使得数字生态更具活力和创新力。数字生态的开放性表现在以下几个方面。

1. 开放的接口和平台

数字生态的开放性首先表现在其接口和平台的开放性上，这样的开放性使得数字生态更加灵活和可扩展，同时也促进了创新和合作。开放的接口和平台允许不同的应用程序和系统之间进行相互操作，使得不同的组件和服务可以无缝集成。更为重要的是，数字生态提供了一种既开放又标准化的方式，使得开发者可以轻松地创建和交互不同的应用程序和服务。这种方式也有助于降低准入门槛，让更多的开发者参与到数字生态的建设中来，从而增加生态的多样性和创造力，加快应用程序和服务的开发速度，降低开发成本，提高效率。

2. 开放的数据

开放的数据也是数字生态开放性的重要表现之一。开放的数据意味着数据的共享和可访问性，使得不同的应用程序和系统可以共享和利用这些数据，为各种应用程序和服务提供基础数据支持，从而促进创新和发展。开放的数据也能够为用户提供更好的体验和更多的选择，通过共享数据，不同的应用程序和服务可以根据用户的需求和偏好提供个性化的服务。开放的数据还能够为数据分析和机器学习等领域提供更多的研究和应用机会，以此推动技术的进步和发展。从另一方面来说，开放的数据也带来了一些挑战，如数据隐私和安全性等问题。为了保护用户的隐私和数据安全，数字生态需要制定相应的政策和措施以确保数据的合法使用。

3. 开放的标准和规范

开放的标准和规范为不同的应用程序和系统提供了共同的基础，使得它们可以互相配合和协同工作。开放的标准和规范有助于降低系统之间的兼容性问题，促进了不同组件和服务的集成和交互。通过制定开放的标准和规范，数字生态可以避免垄断和壁垒，鼓励不同的参与者进行创新和竞争。这种开放性能够促进技术的进步和发展，提高数字生态的整体效能。

4. 开放的社区

开放的社区是指由各种参与者组成的社群，包括开发者、用户、企业等。这样的社区提供了一个共享知识和经验的平台，促进了合作和交流。开放的社区为创新和发展提供了重要的支持和资源，开发者可以共享自己的技术和经验，互相学习和借鉴，共同解决问题和改进系统；用户可以提供反馈和建议，帮助开发者改进产品和服务；企业可以通过开放的社区与其他参与者建立合作关系，拓展业务和市场。开放的社区能够促进共享经济和合作创新，不同的参与者可以共同合作，共享资源和利益，这种合作形式能够带来更多的创新和更高的效益。

数字生态的开放性在接口和平台、数据、标准和规范以及社区等方面都有着重要的表现。这种开放性促进了多样性、创新和合作，推动了数字生态的发展和进步。然而，开放性也带来了一些挑战，如数据隐私和安全性等问题，需要采取相应的措施加以解决。

（三）共生性

数字生态的共生性指的是数字技术、数字平台、用户和品牌之间相互依存、相互支持、相互促进的关系。这种共生性是数字化时代的一种特征，它在各个领域中发挥着重要作用。

1. 数字技术和数字平台的共生性

数字技术和数字平台的共生性是数字生态中的重要方面。技术的不断发展和创新推动了应用的发展，而应用的需求和挑战又促进了技术的进步。这种相互依存和相互促进的关系为数字生态带来了持续创新和进步的动力。

一方面数字技术的发展促进了数字平台的发展，另一方面数字平台的需求也催生了数字技术的不断更迭。新兴的技术，如人工智能、大数据、区块链等，为数字平台的发展带来了新的可能性和机会。这些技术的发展提供了更强大的计算和数据处理能力，使得数字平台能够进行更复杂的分析和决策。而随着平台场景的变化和需求的增加，技术需要不断地适应和迭代。就较为基础的移动技术而言，移动互联网的兴起催生了移动应用的发展，而移动技术的不断改进提供了更快速、稳定和安全的移动应用环境。在这一过程中，技术的演进为应用的创新和改进提供了强有力的支持。

数字平台的需求和挑战促使技术不断改进和创新，以满足应用的要求，平台中出现的问题和痛点激发了技术的改进和解决方案的提出。平台作为连接用户和应用的基础设施，承担着关键的角色和功能。然而，由于平台的复杂性和规模，常常会出现一些后续问题。这些问题和痛点的存在促使技术团队和开发者不断努力，寻找解决方案来优化平台的性能和用户体验。例如，平台在处理大规模数据和用户请求时，往往会面临性能瓶颈和延迟问题。这些问题可能导致应用响应时间过长、系统崩溃等影响用户体验的情况。为了解决这些问题，技术团队会进行性能优化，采用更高效的算法和数据处理方式，提高平台的吞吐量和响应速度。

平台的实际应用场景也为技术提供了实践验证和改进的机会，在这些场景中产生的用户体验问题也需要通过更强大的技术来解决，其中包括了安全隐私问题和用户操作的问题，分别涉及加密技术和前端技术的改进。安全与隐私是数字平台带给用户的较大的挑战，黑客攻击、数据泄露等安全问题对用户和企业造成了严重威胁。为了保护用户数据和平台的安全性，技术团队会投入大量资源开发安全机制和防御策略，提升加密技术、实施身份验证和访问控制，建立监控和报警系统，以及进行漏洞扫描和安全审计等措施来提升平台的安全性。在用户界面的体验提升过程中，如果前端界面设计不直观、操作复杂，或者功能不完善，用户可能会感到困惑和不满，这些问题会直接影响用户的使用体验和忠诚度。因此技术团队需要通过准确的数据反馈了解用户需求，并进行界面优化和功能改进，以提升用户的满意度和体验。

2. 用户与数字平台之间的共生性

数字平台的存在和发展离不开用户的参与和使用，而用户的需求和行为也推动了数字平台的演进和创新，双方之间的相互依存和相互影响形成了一个紧密的共生关系，为数字生态带来了繁荣和可持续发展。

用户对数字平台的影响主要体现在"用户需求—平台创新—数据分析—个性化服务—数据反馈"这一个完整而循环的流程之中（图3-2）。

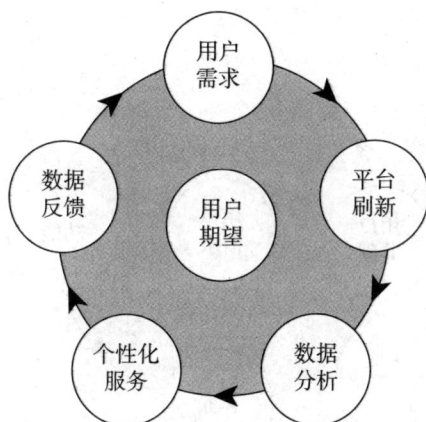

图 3-2　用户对平台的影响

　　用户的期望是数字平台发展的主要动力之一，用户通过对平台的使用和反馈，提出新的需求和功能要求，激励平台开发者不断改进和创新。用户的需求驱动着平台的演进，促使其提供更好的服务和体验。用户在数字平台上的活动和行为产生了大量的数据，这些数据为平台提供了宝贵的信息资源。通过对用户数据的分析和挖掘，平台能够了解用户的偏好和行为习惯，提供个性化的服务和推荐。用户数据的使用和分析不仅可以改善用户体验，还可以为平台和相关企业提供商业洞察和增值服务。用户的反馈是数字平台改进和优化的重要来源，用户通过评论向平台提供反馈，指出平台存在的问题和不足之处。这些反馈帮助平台发现并解决问题，改进用户体验和功能。平台开发者可以通过与用户的互动，了解他们的需求和期望，并根据反馈来调整平台的设计，用户的反馈对于平台的持续改进和优化至关重要。

　　相应的，平台对用户的影响主要体现在"服务—功能—体验—用户共创"这一循环流程中，数字平台通过提供丰富的服务和功能满足用户的各种需求（图 3-3）。

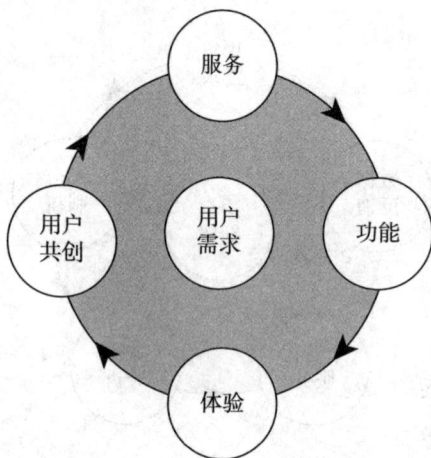

图 3-3　平台对用户的影响

　　平台的多样性和开放性使得用户可以在一个统一的环境中获取各种服务，包括购物、社交、娱乐、学习等。平台整合了各种应用和资源，为用户提供便利，用户可以通过平台获得信息、进行交易、与他人互动等，极大地拓展了其生活和工作的范围。数字平台通过分析用户的行为和数据，为用户提供个性化的体验，平台可以根据用户的偏好和历史行为，自动定制和推荐内容，使用户获得更加个性化的服务。个性化的体验增强了用户对平台的依赖和忠诚度，提高了用户满意度和参与度。数字平台为用户提供了参与和共创的机会，用户可以通过平台创造内容、分享知识和经验，与其他用户进行交流和合作。平台为用户提供了一个互动和合作的空间，促进了用户之间的连接和交流，用户之间的互动和合作形成了一个社区，共同推动平台的发展和壮大。

　　3. 数字平台与文化品牌之间的共生性

　　品牌通过数字平台展示和推广自身形象、产品和服务，而数字平台为文化品牌提供了更广泛的曝光、互动和参与机会。

　　数字平台对文化品牌的影响包括促进文化品牌的多渠道传播，增强文化品牌与用户之间的互动，提供更个性化的营销手段等多个方面。数字平台为文化品牌提供了一个广泛的传播渠道。通过社交媒体、搜索引擎等电子商务平台，文化品牌可以将自身信息、产品和服务推送给更多的用户。平台广泛的用户基础和强大的传播能力，帮助文化品牌扩大影响力和曝光度，使更多的用户了解和认识文化品牌，并建立起品牌形象。文化品牌可以通过平台与用户进行实时互动，收集用户反馈和意见，了解用户需求和期望。平台的互动功能和社交性质使文化品牌能够与用户建立更加紧密的关系，文化品牌利用平台上的用户生成内容、竞赛活动等方式，能够引发用户参与，共同塑造品牌形象和故事。数字平台通过用户数据的分析和挖掘，为文化品牌提供了个性化营销和定位的机会。根据用户的兴趣、行为和偏好，文化品牌可以通过多元化的平台向用户推送符合其需求的广告和内容，借助平台的个性化推荐和定向广告，更精准地与目标用户进行沟通和互动，提高营销效果和转化率。

文化品牌对数字平台的影响主要体现在帮助平台实现内容价值的提升，增加平台的商业价值，塑造平台形象等多个方面。文化品牌通过平台向用户提供有用的信息、专业的知识、娱乐内容等，丰富了平台的内容生态。高品质的品牌参与和贡献提升了平台的吸引力和用户体验，能够吸引更多的用户留在平台上。文化品牌还可以通过与平台合作，推出独家的产品和服务，打造差异化内容，增加平台竞争力。文化品牌通过平台的推广和曝光，吸引了更多的用户和流量，提升了平台盈利能力。文化品牌在平台上的广告投放、合作推广等方式，为平台带来了商业合作和收入。文化品牌的存在和影响力使得平台更具吸引力，吸引更多的广告主和合作伙伴，共同推动平台的发展和壮大。品牌在数字平台上的活动和参与，不仅树立了自身形象，也促进了平台的社群建设。文化品牌的参与促使用户形成共同的价值观，形成一个品牌社区。这种社群的形成使得平台更具凝聚力和互动性，吸引更多用户参与，为平台的长期发展和用户黏性提供了支持。

4.多种数字平台之间的共生性

不同的数字平台相互依存、相互影响，形成一个互联互通的系统。各种数字平台通过合作、整合和共享资源，共同满足用户的需求，促进数字经济的发展。

不同数字平台之间可以通过数据的共享和交互实现资源的整合和优化利用。数据是数字经济的重要资产，不同平台之间可以共享用户数据、市场数据等，以实现更精准的个性化推荐、广告投放和用户服务，并提高资源利用效率和创新能力。不同数字平台之间可以通过应用集成和互联互通，将各自的功能和服务整合在一起，提供更完整的解决方案和用户体验。例如，智能手机操作系统平台可以与各种应用的开发者合作，将各类应用整合到一个统一的平台上，使用户可以方便地获取和使用各种应用。

不同数字平台之间可以建立互利共赢的合作关系，通过资源、技术和市场的互补，实现彼此的共同发展。平台之间可以通过技术共享、品牌合作、市场拓展等形式，共同提升竞争力和用户体验。多种数字平台之间的共生性有助于构建一个完整的数字生态，形成一个相互连接和协同发展的网络，平台开发者、应用开发者、用户和其他参与者共同构建和共享数字生态中的资源、服务和价值。多种数字平台之间的共生性还能够促进创新和跨界合作，平台之间可以进行技术创新、业务模式创新和市场创新，共同探索新的商业机会和用户需求。而跨界合作可以将不同领域的知识、技术和资源融合在一起，创造出更具创新性和独特性的解决方案。

对于用户来说，数字平台之间的共生性也让他们能够享受更综合和一体化的服务体验。平台之间的合作有利于将各种服务和功能整合，为用户提供一站式的用户体验。通过个性化和定制化的服务，也能够让用户更快捷地使用智能化的产品，并将自己的体验反馈到整个生态之中。例如，智能家居平台可以跨品牌、跨产品整合家庭安全、能源管理、智能家电控制等功能，为用户提供全方位的智能家居服务。多种数字平台之间通过资源共享与整合、合作与生态建设以及用户体验与价值创造，能够为整个生态的发展提供更广阔的空间和机会。

5. 内部与外部的共生性

数字生态的共生性不仅存在于内部环境，还延伸到与外部环境的相互作用和合作中。

生态内部与外部的资源通过数字技术实现共享与整合。数字生态内部的平台、应用和开发者与外部的数据提供者（如政府、企业等）通过进行数据共享和交互来丰富和优化数字生态的内容和服务，提供更精准的个性化推荐和用户体验。数字生态内部的不同组成部分可以与外部的技术资源提供者（如创新企业、研究机构等）进行合作，共同进行技术创新和研发，以加速数字生态的技术进步，提供更先进的产品和服务。数字生态内部的平台、应用和开发者之间以及与外部环境之间通过建立资源协同和共享机制来提高资源的利用效率和降低成本，促进数字生态的可持续发展。此外，数字生态内部的不同组成部分还可以与外部的相关行业之间进行跨界合作，融合不同领域的知识和技术，推动数字生态的创新和多样性，提升用户体验，增加数字生态的应用价值。

当面临挑战时，生态内部与外部也能够共同制定规范，帮助规范与监管生态中的多种价值链。其中，政府和相关机构的监管政策和法规对数字生态的健康发展起到重要作用，合作伙伴之间也需要共同建立风险管理机制以应对网络安全、数据隐私等方面的风险和挑战。通过资源共享与整合、合作与共同发展以及共同应对挑战与规范发展，内部与外部相互依存、相互影响，形成了一个互联互通、互利共赢的数字生态。

（四）协同演化性

数字生态的协同演化性是指数字生态中各个组成部分相互协调和适应变化，共同发展和进化的能力。它强调了数字生态的动态性、互动性和适应性，是数字生态成功演化和持续创新的关键要素。

1. 动态的协同演化过程

数字生态的协同演化是由技术的不断发展和应用需求的变化所驱动的。技术的进步为新的应用场景和商业模式的出现提供了可能性，而应用需求的变化则推动了技术的不断创新和改进。数字生态中的各个组成部分不断地相互影响和适应，以满足不断变化的技术和应用需求。数字生态中的平台和应用之间形成了相互依赖和相互促进的关系，平台通过提供开放的接口和工具，为开发者提供了创新和实验的环境，数字产品的不断涌现和发展为平台增加了吸引力和用户留存率，平台和产品之间的协同创新推动了数字生态的不断进化和创新。开发者和用户在数字生态的协同演化中共同发挥着重要作用。开发者通过创造和发布新的应用和服务，驱动着数字生态的创新和发展，而用户通过使用和反馈，对数字生态的改进和演化起到关键作用。

2. 协同演化的特征和机制

数字生态中的协同演化需要建立开放的标准和规范，以实现不同组成部分之间的互操作性和互联互通。开放的标准和规范可以促进各个组成部分之间的协同合作和共享，降低集成和创新的成本。数字生态的协同演化需要建立社区和合作伙伴关系，形成良好的合作和共赢机制。通过社区的参与和合作伙伴的支持，可以共同解决问题、分享资源和经验，促进数字生态的发展和进步。数字生态的协同演化可以通过数据驱动的智能化手段来实现。通过数据的收集、分析和挖掘，可以获取对数字生态演化的洞察和理解，进而指导决策和优化。智能化协同可以提高数字生态的适应性和创新。

3. 协同演化的影响和挑战

数字生态的协同演化既促进了创新和发展，又带来了竞争和合作的挑战。平衡创新与竞争的关系，既要保持共生合作的机制，又要保护创新者的权益和竞争的公平性。数字生态的协同演化需要重视安全和隐私的保护。在数据共享和协同创新的过程中，应确保数据的安全性和隐私性，避免数据滥用和侵犯个人权益。数字生态的协同演化需要建立适当的法律和伦理规范。对于数据的收集、使用和共享应有明确的法律约束和伦理准则，以保障数字生态的公正和可持续发展。

通过动态的协同演化过程、协同创新的特征和机制，以及影响和挑战的因素，数字生态能够适应变化、创新发展，并为社会经济带来持续的增长。协同演化的实现需要各方的共同努力，包括政府、企业、社区和用户的参与和合作。只有在多方共同推动下，数字生态才能实现持续创新和共生发展。

（五）自组织性

数字生态中的各个主体可以根据自身需求和目标，自发地形成网络结构和协作模式，无须外部强制或指导。[①]数字生态的自组织性具有灵活性、去中心化、多样性、自适应性、共享性等特征。

1.灵活性

数字生态的灵活性是指其能够快速适应和响应变化的能力。在当今快速发展的数字化时代，市场和技术的变化速度都越来越快，因此，数字生态必须具备灵活性，以适应这种不断变化的环境。

首先，数字生态的灵活性体现在其组成部分的可调整性和可配置性上。数字生态通常由各种不同的组成部分组成，包括平台、服务提供商、开发者和用户等。这些组成部分必须能够快速调整和配置，以适应不断变化的需求和技术。数字生态需要能够与外部实体和其他系统进行交互和集成，以实现更广泛的合作和创新。灵活性使得数字生态能够接纳新的参与者和合作伙伴，扩大生态的范围和影响力。例如，一个开放的数

---

① 王福涛，郝雄磊，袁永.数字商业生态系统特征：数据控制和数据协调模式比较［J］.南方经济，2022（2）：1-17.

字生态可以允许第三方开发者创建应用程序和服务，从而为用户提供更多选择和个性化体验。其次，数字生态的可扩展性使得其能够应对用户数量的增加和流量的增长，能够适应不同的用户和市场需求。用户需求和市场趋势经常发生变化，数字生态必须能够灵活调整和优化其产品和服务，以满足不同用户群体的需求。灵活性使得数字生态能够根据市场变化和用户反馈进行持续改进和创新，提供更好的用户体验和增加用户黏性。在用户反馈方面，数字生态必须提供灵活的开发和测试环境，使开发者能够快速实验新的功能和服务，这样才能够让整个生态根据用户反馈进行迭代和改进。灵活性使得数字生态能够支持敏捷开发和快速上线，提高创新的速度和效率。此外，数字生态的灵活性对于企业和组织来说也具有重要意义。具备灵活性的数字生态可以帮助企业应对市场竞争的压力，迅速适应市场变化和用户需求，从而保持竞争优势，帮助企业快速创新和推出新产品，抓住新的商机。同时，灵活性也为企业提供了更多合作机会，促进产业链上下游的协同发展。

数字生态的灵活性是其适应变化的关键特性，让数字生态能够快速调整和配置其组成部分，扩大合作伙伴关系，适应不同的用户和市场需求，支持快速实验和迭代。这种灵活性对于数字生态的持续创新和发展至关重要，也对企业和组织的竞争力和发展潜力产生重要影响。

2. 去中心化

数字生态的自组织性中的一个重要特征是去中心化。去中心化是指数字生态中的权力、控制和决策分散到不同的参与者和节点，而不是由单个中心实体掌控。去中心化意味着权力和控制的分散。传统的中心化系统通常由一个中央实体或机构掌控着所有的权力。这种集中式的结构可能导致系统单点故障的风险和过度依赖中心实体。相比之下，去中心化的数字生态通过将权力和控制分散到多个参与者和节点中，减少了集中风险，并提高了系统的韧性和可靠性。参与者可以根据自己的利益和能力做出决策和贡献，共同推动系统的发展。

在去中心化的数字生态中，各个参与者可以自由地加入和退出，共同参与协作和创新。系统中没有单一实体掌控着所有的资源和决策权，而是各个参与者通过共享和协作来推动系统的发展。这种开放性和合作性为创新提供了更大的空间和机会，促进了更多实验的进行，鼓励了参与者之间的竞争和合作，激发了更多的创意和动力。同时，去中心化的数字生态通过分散数据存储和管理的方式，增加了用户对自己数据的控制权和保护权。用户可以选择将数据存储在自己的设备上，或者选择将数据加密并与其他参与者共享，从而实现更好的数据安全和隐私保护。此外，去中心化还能够促进社会平等。在传统的中心化系统中，权力和资源常常集中在少数控制者手中，导致资源分配的不平等和社会不公。而去中心化的数字生态能够为更多的参与者提供平等的机会和资源，降低参与门槛，增强社会包容性，促进社会平等，使得更多的人能够参与到数字生态中，分享系统的收益和发展成果。

在数字生态中广泛运用的区块链技术就是一种去中心化的技术，目前已经广泛应用于加密货币和智能合约等领域。区块链通过分布式记账和共识机制，实现了去中心化的数字经济系统，去除了传统金融体系中的中间环节，消除了风险，提高了交易的安全性和效率。去中心化的数字生态还可以应用于供应链管理、社交网络、共享经济等领域，带来更加公平、透明和高效的运作模式。在实际应用中，去中心化的数字生态已经展现出广阔的前景和潜力，为构建更加公正、可持续和创新的数字社会做出了重要贡献。

3.多样性

多样性指的是数字生态中的身份主体、资源、服务和创新的多样性。多样性意味着数字生态中存在各种不同类型的身份主体，这些身份主体可以是企业、个人、组织、开发者等。每个身份主体都有不同的技能、经验、知识和兴趣。多样性的身份主体带来了不同的观点、创意和资源，为数字生态带来了丰富的动力和创新潜力。他们之间的互动和协作可以促进知识和经验的交流，推动系统的发展和进步。数字生态中的多样性资源可以是数据、技术、平台、资金等。多样的资源和提供商使得数字生态具备了更强的灵活性和韧性，各身份主体可以根据自身需求和特点选择不同的资源，满足其个性化的需求。而多样性的服务则意味着数字生态提供了多种多样的服务和个性化的体验，可以满足不同用户和市场的需求。同时，多样性在数字生态中也体现为创新的多样性，数字生态的多样性鼓励了不同身份主体之间的创新和实验。每个参与者都可以带来自己的创新和解决方案，通过多样性的创新，数字生态可以不断适应变化的市场需求和技术趋势，保持竞争优势和持续创新的能力。此外，多样性还可以提高数字生态的适应性和韧性。在面对变化和风险时，多样性可以提供更多的选择和备选方案。当某些身份主体或资源受到影响或失败时，系统的多样性可以弥补风险防控的脆弱性，以更好地应对挑战。

多样性在数字生态的实际应用中具有重要的意义，能够为内容创作者和用户群体带来更丰富的内容和用户体验，为生态中的合作伙伴提供更多的价值共创机会。多样性的参与者、资源、服务和创新使得数字生态具备了更大的创新潜力、适应性和韧性。

4. 自适应性

数字生态的自组织性中的一个重要特征是自适应性。自适应性是指数字生态具备适应环境变化和需求变化的能力，能够自动调整和优化其结构、功能和行为。自适应性意味着数字生态能够快速响应和适应环境变化，在不断变化的市场和技术环境中，数字生态需要具备灵活性和敏捷性，以适应新的趋势和挑战。自适应性使得数字生态能够调整和优化其组成部分、功能和服务，以满足不断变化的用户需求和市场要求，通过自动化和智能化的机制，数字生态可以根据实时数据和反馈进行自我调节和改进，提高系统的效率和性能。用户和市场需求的多样性要求数字生态能够根据个体的特点和偏好提供个性化的服务和体验，通过分析用户的行为和反馈数据，数字生态可以自动识别和理解用户的需求，并根据这些信息进行个性化推荐、定价和交互。自适应性还能够提高数字生态的效率和资源利用率，通过自动化和智能化机制，数字生态可以根据实时数据和环境变化进行资源分配和调度。例如，在云计算平台中，自适应性可以根据实际负载情况自动调整系统的计算资源分配，以提供更好的性能和响应速度。

此外，随着技术和市场的变化，数字生态需要不断改进和创新。自适应性使得数字生态能够根据市场反馈和用户需求进行迭代和升级，推出新的功能和服务，通过快速学习和适应新技术、新趋势，让数字生态可以保持竞争优势和持续创新的能力。自适应性在实际应用中具有重要的意义，在物联网的数字生态中，自适应性可以根据设备和传感器的状态和需求进行自动配置和优化，而在金融科技领域的数字生态中，自适应性可以根据市场波动自动调整和优化风险管理和投资决策。

数字生态的自适应性特征是其自组织性的重要组成部分，自适应性使得数字生态具备快速响应和适应环境变化的能力，使其能够实现个性化定制、提高效率和资源利用率，促进系统的持续创新和发展。

5. 共享性

共享性指的是数字生态中参与者之间分享资源、知识、经验和价值的能力和倾向。共享性意味着数字生态中的主体和参与者能够共享资源，数字生态中的参与者通过共享可以互相补充和增强彼此的能力和竞争力，降低数字生态的运营成本，避免重复建设和浪费资源。并且，共享性使得数字生态中的参与者能够共享知识和经验。数字生态中的参与者具备各自的专业知识、技能和经验，参与者在生态中可以互相学习和借鉴，提高自身的能力和竞争力，促进创新和问题解决，帮助数字生态快速适应变化和发展，共同创造和提供价值。这种价值共创可以带来更好的用户体验和满足用户需求，使生态中的多种主体和参与者可以形成更紧密的合作伙伴关系，实现互利共赢的局面。

共享性在数字生态中具有多重优势。共享性可以促进资源的高效利用。通过共享资源，数字生态中的参与者可以减少资源的浪费和重复建设，提高资源利用效率，扩大资源的规模和范围，增加资源的可获得性。数字生态中的参与者通过共享知识、经验和创新，可以激发创新的火花，推动协同合作和共同发展。共享性能够促进跨界合作和跨组织创新，打破壁垒和提高创新效率，增强社会和经济的包容性，帮助更多的人参与到共享化的经济活动中。

综上所述，数字生态的自组织性体现在其灵活性、去中心化、多样性、自适应性和共享性这五个方面。灵活性使得数字生态具备适应变化和变革的能力，能够灵活调整资源配置、合作模式和策略，以应对不断变化的市场需求和技术创新。去中心化体现了数字生态中的参与者之间相对平等和分散的关系，能够促进信息和资源的流动，减少信息滞后和资源瓶颈，提高数字生态的效率和创新能力。多样性可以带来更广泛的选择和更丰富的创新，满足不同用户的需求和偏好，促进合作与协同，推动跨领域和跨行业的创新和发展。自适应性使得数字生态能够通过学习和反馈机制不断改进和优化，提高效率和适应性，帮助数字生态在不断变化的环境中保持竞争优势。共享性促进了资源的高效利用和合作创新，降低了运营成本和减少重复建设，实现了生态中多方利益链的价值共创，实现了互利共赢。这些特性使得数字生态能够更好地适应和应对变化，提高效率和创新能力，实现参与者之间的协同合作和共同发展。

第四章　以文化品牌为中心的数字生态构建

一、文化品牌与数字生态的相互关系

随着数字化时代的到来，文化品牌和数字生态之间的相互关系变得越来越密不可分，文化品牌与数字生态之间的相互关系主要表现在以下四个方面。

（一）数字化传播

随着互联网技术的发展，文化品牌可以更加广泛地传播，数字生态是品牌传播的重要平台。品牌可以通过数字生态将品牌文化内涵传递给更广泛的人群，其传播方式包括社交媒体上的分享、搜索引擎排名、电子商务平台销售等。这些传播方式通过数字生态形成更系统化的传播矩阵，促进文化品牌的传播和影响力的扩大。

（二）数字化体验

数字生态提供了更加多元化的品牌体验，文化品牌可以通过数字技术创造更具有沉浸感和交互性的品牌体验。例如，迪士尼和环球影城通过 VR 技术让用户能够在线下的主题乐园中体验到更加逼真的虚拟游乐场景，用超越真实的感官体验吸引现场游客，再由他们通过社交媒体将这种体验感传播给更广泛的在线用户。数字化的体验将线上和线下场景有效连接，能够提高文化品牌的用户黏性，增强用户的情感认同。

（三）数字化营销

数字化营销是数字生态的重要组成部分，可以更加高效地传达品牌信息，吸引潜在用户。文化品牌可以通过搜索引擎优化、社交媒体营销(SMM)、电子邮件营销等方式，将品牌营销融入数字生态中。数字营销的数据化特点也可以帮助品牌更好地理解用户需求和行为，进行精准营销和个性化服务。

（四）数字化社交

社交媒体是数字生态中具有社交化特点的平台，帮助文化品牌与用户建立更加直接和紧密的联系，也让文化品牌和数字生态的共生关系更加紧密。通过社交媒体，文化品牌可以与用户进行互动，获得用户反馈和建议，提高用户满意度。此外，社交媒体也能够促成用户与用户之间的交流，这些交流能够更真实、生动地反映文化品牌产品的特征。社交媒体是品牌宣传的有力渠道，主要通过用户分享和口碑传播提高文化品牌的知名度和影响力。然而，社交媒体也会为品牌危机的处理带来更大的挑战，需要文化品牌基于数字生态的特征制定更优决策。

文化品牌与数字生态之间的相互关系，是一种双向的互动关系。借助数字生态的理论框架，文化品牌的数字生态构建能够提供更多的传播、体验、营销和社交化机会，使得文化品牌能够更加深入地融入用户的日常生活中。同时，文化品牌也可以通过数字化的手段来提升数字生态的品质和内容，为数字生态的发展做出贡献。文化品牌和数字生态之间的相互关系需要在保护用户利益、维护品牌形象和促进数字生态的可持续发展方面取得平衡，让文化品牌和数字生态之间的关系得到更加良性的发展，为文化品牌和用户带来更加有价值和有意义的体验和服务。

二、数字生态构建的目标和原则

文化品牌的数字生态构建需要遵循一定的目标和原则，以实现双方的良性互动和共同发展。下面从目标和原则两个方面来进行阐述。

（一）数字生态构建目标

1. 实现数字化转型

随着互联网的不断发展，数字技术已经成为品牌转型升级的重要手段。文化品牌通过构建数字生态来实现数字化转型具有多重意义，主要体现在品牌影响力、用户体验、商业模式和文化传承等方面。通过数字化转型，文化品牌可以利用互联网和社交媒体等数字渠道，突破地域限制，触达更广泛的用户。传统文化的精髓和价值可以通过数字平台传播到全球各地，吸引更多人了解、认同和传承。数字化技术能够为文化品牌创造更多的交互和参与方式，以此来提升用户体验。数字生态为文化品牌开辟了更多元化的商业模式和盈利机会，文化品牌可以推出更多体验更好的数字化产品和服务，如在线教育课程、品牌直播、艺术品在线拍卖等，多种数字媒体业态拓宽了文化品牌的商业营销渠道。同时，数字化转型也为文化品牌提供了更多的数据分析和个性化推荐能力，帮助文化品牌更好地理解用户需求，进行精准营销和产品定制。此外，通过数字平台，文化品牌可以记录和存储珍贵的文化遗产，数字化的资料和档案可以更好地保存和传承给后代。通过数字化的方式，传统文化可以更好地适应现代社会的需求，激发年轻一代对传统文化的兴趣，实现传统与现代的对接，为传统文化的发展注入新的活力和动力。

2.打造数字化文化品牌

数字化文化品牌塑造的目标是在适应数字生态发展趋势和用户需求的基础上，让文化品牌与用户之间更加紧密地联系起来。通过数字化品牌建设，文化品牌可以通过互联网和社交媒体等数字渠道与更广泛的用户进行互动和沟通。通过精心设计的网站、社交媒体账号和其他数字化品牌内容，文化品牌可以传达自身的核心理念、文化内涵和特点，树立积极向上、富有创新和传承的品牌形象。数字化品牌建设为文化品牌提供了与用户深入互动的机会，通过在线活动、社交媒体互动、用户生成内容等方式，文化品牌可以与用户进行实时互动，增强用户的参与感和忠诚度。相应的，用户也可以通过数字化渠道分享自己的体验和观点，形成文化品牌与用户之间的良好互动关系。通过收集和分析用户行为数据，文化品牌可以更好地了解用户需求和偏好，为用户量身定制产品、内容和服务。借助数字平台的传播力量，在让文化品牌的知名度和认知度迅速提升的同时，也能够吸引更多人了解和关注文化品牌所承载的文化内涵。

3.建立良性互动机制

文化品牌与用户、文化品牌与媒介以及各个文化品牌之间要通过数字生态建立良性互动机制，生态中的多方关键主体也需要通过互动和合作来实现共同发展。数字生态为文化品牌提供了更多的传播、营销和交互机会，而文化品牌也需要为数字生态提供更加有价值和有意义的内容和服务，共同促进数字生态的可持续发展。数字生态为传统文化品牌提供了一个广泛的传播渠道，文化品牌通过数字生态建立良性互动机制，可以实现品牌推广、用户参与、数据分析和创新等多重目标。数字生态促进文化品牌与媒介的互动体现在共同开展营销活动和内容创作等方面，这种合作可以帮助文化品牌获得更多的曝光机会和媒体资源，提高文化品牌的知名度和影响力。同时，媒介也可以通过与文化品牌合作，获得更独特的文化内容和品牌价值，增强自身的吸引力和竞争力。通过品牌之间的良性互动，不同领域的品牌可以进行跨界创新，共同探索新的市场机会和产品形态。这些合作不仅有助于提升文化品牌竞争力和市场份额，还可以增强用户与文化品牌之间的情感连接，建立长期稳定的关系。数字生态为文化品牌之间的合作提供了平台，使得不同文化品牌之间可以开展更多元化的合作项目、资源共享和联合营销等活动。通过建立良性互动机制，文化品牌之间可以互相促进、互利共赢，实现资源整合和协同发展，并以此促进整个文化产业的发展。文化品牌通过彼此合作，共同参与行业活动和社会事件，共同发声，传递共同的价值观，从而扩大整个产业的用户范围，提升文化品牌在公众心目中的整体形象和认知度。除了面向用户，也是向其他行业展示文化品牌产业的特色与价值，有助于吸引更多的关注和资源，为文化品牌的整体发展提供支持。

文化品牌通过数字生态建立品牌、用户和媒介之间的良性互动机制，可以实现多方的合作共赢，并增强文化品牌和媒介的影响力，促进跨界创新与融合，提升行业整体形象。这种互动机制不仅有助于单个文化品牌的发展，也有助于推动传统文化的传承与创新，促进文化产业的繁荣。

（二）数字生态构建原则

1. 以用户为中心

文化品牌的数字生态的重要构建原则就是以用户为中心，这意味着文化品牌应该将用户的需求、偏好和体验放在首位，通过提供有价值的内容和功能来满足用户的需求，增强用户的参与感和忠诚度。通过深入了解用户，进行用户研究和洞察，文化品牌可以了解用户的需求、偏好、行为和体验，从而更好地设计和优化数字生态；通过数据分析和智能算法，文化品牌可以根据用户的兴趣、偏好和行为，为他们推荐相关内容、产品或服务，提供个性化的推荐和定制化的体验；通过用户生成内容、社交媒体互动、用户评价和评论等方式，促进用户参与和互动，这种互动不仅可以增强用户与文化品牌之间的情感连接，还可以提供有价值的用户反馈和意见，为文化品牌的改进和创新提供参考；通过用户界面设计、交互设计、用户友好性等方面的优化，提升用户在数字生态中的体验和满意度；通过深入了解用户、提供个性化体验、促进用户参与和互动，以及优化用户体验，文化品牌可以建立良好的用户关系，增强文化品牌的影响力和竞争力。

2. 数字创新驱动

文化品牌在构建数字生态时应注重创新，不断探索新的技术、内容和商业模式，以推动文化品牌的发展和持续增长。目前新的数字技术主要包括人工智能、大数据分析、虚拟现实（VR）等，这些技术能够提升文化品牌的数字化能力，通过技术创新和数字化转型，文化品牌可以提供更丰富、个性化的数字体验，满足用户不断变化的需求。基于这些数字技术，文化品牌可以不断创新内容形式和内容领域，通过更优质的媒介叙事、体验感和更高效的创作流程探索与品牌文化相关的新领域和话题，增加内容的多样性和吸引力。数字生态的建设是一个持续的过程，文化品牌在数字生态中不断学习和优化，通过数据分析、用户反馈和市场洞察，了解用户的需求和行为变化，并及时调整和优化数字生态环境，以适应不断变化的市场。

3. 遵循规则

文化品牌的数字生态构建原则之三是遵循规则。文化品牌的数字生态发展需要遵循法律法规和道德规范，不断提高自身的规范性和合法性，以确保生态的和谐发展。该数字生态的规则和标准建立主要基于以下几个要点。第一，文化品牌在数字生态中的运营应遵守相关的法律法规，包括保护用户隐私、知识产权、广告宣传规范等方面的法律法规，确保自身行为合法合规，避免违反法律法规而产生不良后果。第二，文化品牌应尊重用户的权益和利益，在数字生态中保护用户的隐私和个人信息安全。应明确数据收集和使用范畴，并提供用户选择和控制个人数据的机会。同时，避免滥用用户数据和侵犯用户权益，确保用户对文化品牌的信任。第三，文化品牌应遵循商业伦理规范，确保诚信经营和公平竞争，不进行虚假宣传、误导用户，不采用不当手段获取竞争优势。文化品牌应建立与供应商、合作伙伴和用户之间的互信关系，秉持公平、公正、透明的原则进行商业活动。第四，不同行业有其特定的规范和标准，文化品牌应遵循行业规范，确保在数字生态中的运营符合行业的要求和期望。文化品牌可以参与行业组织和协会，了解行业的实践和指导原则，与同行业的其他文化品牌进行交流和合作。第五，文化品牌应建立风险管理和危机应对机制，在数字生态中及时识别和应对潜在的风险和危机，通过制定合理的策略和应急预案，文化品牌可以更好地应对各种挑战和危机，保护文化品牌的声誉和形象。遵循规则是文化品牌的数字生态构建的重要原则。文化品牌应遵守法律法规、尊重用户权益、建立良好的商业伦理和遵循行业规范，以确保合规经营和良好的文化品牌，有序地维持生态发展。

4. 协同共赢

文化品牌的数字生态构建原则之四是协同共赢。文化品牌和数字生态需要建立互信和合作的关系，共同推进文化品牌的数字化转型和品牌建设。文化品牌需要积极参与数字生态的建设和运营，提供优质的内容和服务，实现文化品牌和数字生态的双向互动和共同发展。

文化品牌的数字生态构建需要遵循一定的目标和原则，才能实现双方的良性互动和共同发展。通过数字化手段实现数字化转型和品牌升级，建立良好的用户体验和品牌形象，共同推进数字生态的发展。

三、数字生态构建的基本步骤

随着数字化时代的到来，越来越多的文化品牌开始意识到数字化转型的重要性。为了构建一个完整的数字生态，文化品牌需要考虑以下几个步骤和方法（图4-1）。

图 4-1　数字生态构建基本步骤

步骤一：明确品牌定位、目标用户。文化品牌需要明晰自己的定位，例如，品牌理念、价值观、文化传承等。同时，需要了解目标用户的需求和偏好，以此为基础，确定数字化转型的方向和重点。

步骤二：构建数字平台。为了构建一个完整的数字生态，文化品牌需要选择合适的数字平台，例如，官方网站、社交媒体平台、移动应用等。这些平台应该能够满足品牌传播和用户互动的需要，并且能够提供良好的用户体验。

步骤三：整合资源、内容。文化品牌需要整合自身的资源和内容，例如，文化遗产、艺术作品、展览等，以此为基础，打造数字化产品和服务。这些产品和服务应该符合目标用户的需求和偏好，并且能够提供差异化的价值。

步骤四：运用数据、技术。文化品牌需要运用数据和技术来提升数字化转型的效果。例如，可以利用数据分析了解用户行为和偏好，从而优化产品和服务。可以利用人工智能、虚拟现实（VR）等技术提供更加丰富和更具创新性的用户体验。

步骤五：开展营销、推广。文化品牌需要通过各种渠道进行营销和推广，以提高文化品牌的知名度和影响力。例如，可以通过社交媒体、搜索引擎优化等方式提高品牌曝光率。可以通过与其他品牌、机构的合作扩大文化品牌影响力。

文化品牌数字生态构建需要全方位的考虑和规划。品牌定位和目标用户的确定、数字平台的选择和构建、资源和内容的整合、数据和技术的应用、营销和推广的开展，这些都是构建一个成功的数字生态所必需的要素。

四、文化品牌数字生态架构

数字生态系统理论强调了不同元素之间的相互依赖性和相互作用，以文化品牌为中心的数字生态由主体、其他参与者、技术环境和组织环境共同构成，具有较强的开放性。生态主体通过与其他参与者的互动和合作，利用技术环境和组织环境的支持，实现品牌价值的传播、用户参与的激活以及创新的推动。其生态架构如图4-2所示。

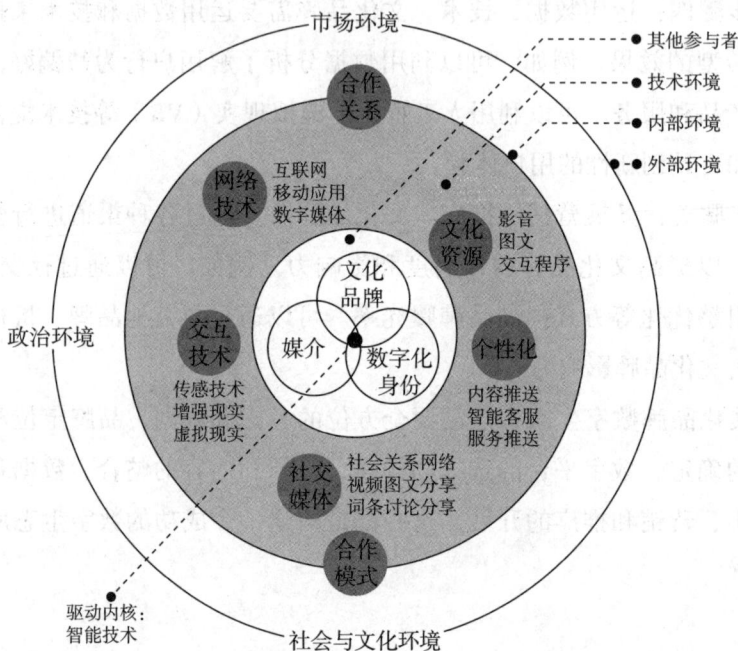

图 4-2　文化品牌的数字生态构建基本步骤

（一）生态主体和其他参与者

1. 文化品牌

文化品牌是数字生态的中心，代表了企业或组织的形象和声誉。文化品牌需要制定战略，确定目标用户，以及规划营销活动。

2. 媒介

媒介是指数字化时代用于传播和交流信息的各种渠道和工具，在本生态中，媒介是文化品牌与用户之间的桥梁。本生态中的主要媒介包括数字化影像、新媒体展览、应用程序、社交媒体与在线内容平台等主要类型，文化品牌需要选择合适的媒介，以确保营销活动能够触达更广泛的用户。

3.数字化身份

不同于传统的数字生态，本生态中的另一主体不仅是用户这一角色，而是包含了实体和虚拟形式的多重数字化身份。这些身份有的是真实的用户，有的是真实用户的虚拟化身，或是只存在于"元宇宙"的虚拟人。这些身份以不同形式与文化品牌进行互动，并通过社交媒体、搜索引擎等渠道获取和发布信息。文化品牌需要了解用户需求，也要了解如何与其他数字化身份互动、合作，提供有价值的内容，如何与这些数字化身份建立联系。

4.其他参与者

其他参与者包括合作伙伴、政府和相关的监管机构。合作伙伴指与品牌主体合作的其他企业、组织或个人。他们可以提供技术支持、营销推广、供应链服务等，共同构建和推动文化品牌数字生态的发展。政府和监管机构在文化品牌数字生态中扮演着监管和规范的角色，制定相关政策、法规和标准，确保数字生态的合规性和健康发展。

（二）技术环境

技术环境是数字生态的根基，技术环境的发展不断推动数字化媒介的创新和升级，为文化品牌数字生态提供更多的沟通、互动和创新机会。以文化品牌为中心的数字生态的技术环境主要包括以下几个方面。

1.数字化媒介技术

数字生态将传统文化与现代技术相结合，使用数字化媒介来传播、保存和保护文化品牌。这些媒介可以包括互联网、移动应用程序、媒体技术等，为人们提供更广泛的获取和参与品牌文化的途径。

2.交互技术

传感技术、虚拟现实（VR）和增强现实（AR）技术为人们提供了与文化互动的新方式。通过这些技术，人们可以在虚拟环境中体验传统文化活动，例如，参观历史古迹、观赏传统表演等，增强了文化的亲和力。

3. 社交媒体和在线社区

社交媒体平台和在线社区成为人们分享和讨论传统文化的重要场所。人们可以通过视频分享、图文分享、词条分享等方式在这些平台上分享自己对传统文化的理解，以及与传统文化有关的作品，与他人进行交流和互动，形成一个全球范围的传统文化爱好者社群。

4. 个性化推荐

智能化技术可以通过分析用户的兴趣和偏好，向其推荐与传统文化相关的内容和活动。个性化推荐系统可以帮助用户发现并深入了解自己感兴趣的传统文化领域，提供更加个性化的传统文化体验。

5. 数字化文化资源

传统文化的数字化资源逐渐增多，包括数字化的文献、音频、视频、图像等。这些数字资源的建立和管理使得传统文化更易于保存、传承和研究，也为人们提供了更多的学习和欣赏渠道。

总之，以传统文化为中心的数字生态的技术环境具有融合传统文化与现代技术的特点，通过数字化媒介、虚拟现实（VR）技术、社交媒体、智能化推荐等方式，为人们提供了更多与传统文化互动的机会，促进了传统文化的传承、创新和发展。

（三）组织环境

文化品牌数字生态中的文化与价值观可能因品牌而异，但在基本层面上保持一致。文化品牌数字生态注重传承和保护传统文化的精髓和价值观，同时也积极探索创新方式，促进知识和资源的互通，将传统文化与现代科技相结合，共同推动传统文化的传播和创新。整个生态都致力于追求卓越品质和精湛工艺，以提供高质量的产品和服务为目标，在产品和服务中体现文化的精神内涵和独特价值，增强人民的文化自豪感，并倡导文化多样性与包容性。该数字生态注重可持续发展和社会责任，关注环境保护、社会公益和文化教育，以促进社会的和谐与进步为共同责任。

1. 内部环境

在以文化品牌为中心的数字生态中，内部环境主要由生态中各主体和参与者的共同价值实现为基础，将技术资源、人力资源、资金资源、技术能力、创新能力和营销能力以它们的合作关系和合作模式连接起来，以此形成支撑生态运营的协调机制。

合作关系和合作模式是支撑生态运营的重要组成部分，文化品牌需要与其他生态主体和合作伙伴通过创新的合作模式建立可持续的关系。在数字生态中，文化品牌需要与供应商、生产商、零售商等各个环节的参与者形成紧密的生态链协作模式。通过信息共享、资源整合和优化供应链管理等方式，实现生产、传播和销售的高效协同。通过跨界合作、多平台合作以及用户共创等方式，将传统文化与创新科技、艺术表达相结合，创造出独特的产品和用户体验。利用平台的流量和用户资源进行市场推广和销售，并充分地让用户参与文化品牌的发展过程，借助社群合作模式与相关的社群组织、爱好者群体建立合作关系。通过共同组织活动、分享经验、传播品牌价值，实现文化品牌与社群的双赢，增强用户对数字生态的连接和信赖。

这些合作关系和合作模式使得文化品牌能够借助生态内部组织的力量，整合资源、扩大影响力，实现更高的效益和创新能力。通过协作机制的搭建和优化，文化品牌数字生态能够形成有机的合作网络。

2. 外部环境

数字生态的外部环境主要包括了市场环境、社会与文化环境、政策环境三个方面。近年来，全球文化品牌的市场规模日益庞大，众多文化品牌涵盖了各种文化遗产和传统工艺。根据不同研究机构和报告的数据，全球文化品牌市场规模通常被估计为数百亿美元级别，涵盖了传统艺术品、手工艺品、传统服饰、文化旅游等各个领域。中国作为一个拥有悠久历史和丰富文化遗产的国家，具有独特的文化品牌的市场规模也在不断扩大。①② 根据中国文化和旅游部的数据，中国传统文化产业市场规模从 2015 年开始持续增长，到 2022 年，中国传统文化产业市场规模已超过 5 万亿元人民币。③

随着经济全球化和文化多元化的发展，整个社会对文化品牌的认同也在不断增加，人们开始越来越重视和认同文化品牌中的文化价值。人们对文化品牌的历史背景、工艺技术和文化内涵表现出相较于以前更浓厚的兴趣，并愿意通过购买文化品牌的产品来表达对传统文化的尊重和欣赏。在产业规模化和标准化的时代背景下，用户越来越倾向于追求独特和个性化的产品，文化品牌的产品常常具有独特的设计、工艺和故事背景，这一优势也满足了用户追求与众不同和个性化表达的需求。社会责任感的整体化提升也有助于文化品牌的发展，近年来，大众对于环保和可持续发展的关注度不断增加，而文化品牌通常与环保、可持续发展和社会责任紧密相关，它们通常更注重使用可持续材料、传统工艺和对自然资源的保护，符合现代用户对于可持续产品的需求，因此也受到了一部分用户的青睐。对于中国用户来说，购买和使用传统文化品牌的产品能够表达对中国文化的热爱和自豪感，加深对传统文化的认同感。

数字化加速了全球化进程，各个国家都越来越重视文化产业的发展，许多国家的政府都制定了相关政策和法规，致力于保护传统文化产业的遗产和传统技艺，以确保其持续发展。此外，也有政府提供了相关的国际交流政策，鼓励文化品牌通过出口、国际推广和国际交流等方式来扩大影响力。在中国，政府也制定了文化品牌发展的相关战略与政策。中

① 罗仕鉴，王瑶，钟方旭，等．创新设计转译文化基因的数字开发与传播策略研究[J]．浙江大学学报（人文社会科学版），2023，53（1）：5-18．
② 范周．中国文化产业和旅游业发展报告：2022 年总结及 2023 年趋势[J]．深圳大学学报：人文社会科学版，2023，40（2）：11．
③ 中华人民共和国文化和旅游部．中华人民共和国文化和旅游部 2021 年文化和旅游发展统计公报[EB/OL]．（2022-06-29）．https：//zwgk．mct．gov．cn/zfxxgkml/tjxx/202206/t20220629_934328．html．

国政府高度重视传统文化的保护和传承，提出了文化自信和弘扬传统文化的重要战略，制定了一系列政策措施，旨在鼓励文化品牌的发展，扩大中华优秀传统文化在国内外的影响力。通过出台税收减免、财政资金支持、知识产权保护等一系列政策，积极支持文化品牌的发展和创新，政府鼓励文化品牌向高附加值、知识产权密集型、创新型方向转型升级。中国政府一直以来都非常支持文化品牌利用电子商务平台和数字化技术发展，积极推动电商平台与文化品牌合作，加强电子商务渠道建设，促进文化产品的线上销售和推广。在国际传播方面，中国政府也鼓励文化品牌参与国际交流与合作，加强与其他国家和地区的文化交流，推动中国文化品牌走向国际市场。

市场和大众对于文化品牌的认同和需求主要体现在对文化的尊重和追求，以及对环境、社会的可持续发展的关注上，政府也会提供相应的政策支持文化品牌的发展。这些因素共同推动了文化品牌数字生态的构建与发展。

第五章　以文化品牌为中心的数字生态主体特征

在搭建文化品牌数字生态的过程中，生态链中各个主体高度协同和一致的价值观是非常关键的软实力。

一、文化品牌

文化品牌可从多维度来划分类别，不同类别的文化品牌有不同的数字生态构建特征。根据不同外延划分，文化品牌可分为单一型、多元型和综合型品牌；按照文化品牌所具有的知名度和影响力划分，可以将文化品牌分为国际性、国内、地方性品牌；如果根据产业领域划分，宏观来看，文化品牌可以涉及几乎所有产业，较为集中并具有影响力的文化品牌可归纳为影视出版、文化展演、文化旅游、公共文化、生活方式等类别。它们的共同特征在于都有着较强的文化性和艺术性，其产品都独具匠心，具有创新性。

（一）不同外延的文化品牌在数字生态中的特征

1. 单一型文化品牌

单一型文化品牌是指专注于某一特定领域或产品范围的品牌。它在市场上以其在特定领域中的专业性和专注度而著名。这种文化品牌通常与特定的文化传统、价值观或艺术形式密切相关，具有领域专业性强、产品范围单一的特点。它们通过对某一特定文化领域的扎根和专注，成为该领域内的权威品牌。单一型文化品牌的产品范围通常相对较窄，通常专注于特定类型的产品或服务。这些文化品牌致力于传承和保护特定的文化传统或技艺。它们在市场上扮演了文化守护者的角色，通过将传统技艺融入现代产品中，为用户提供富有文化价值的体验。正因为这样的特征，单一型文化品牌通常与特定的文化价值观紧密联系。它们通过产品和服务的呈现，传达特定文化的核心价值观和美学观念。例如，意大利的古董家具品牌柏秋纳·弗洛（Poltrona Frau）专注于设计和制作高端的古董家具，以其对传统工艺和精湛技术的执着而闻名；英国的皇家陶瓷制造商威基伍德（Wedgwood）以其对英国陶瓷传统的传承和演绎而闻名；法国香水与化妆品品牌娇兰（Guerlain）以其对法国优雅和奢华的诠释而受到赞誉。

这类品牌在数字化过程中更注重保护自身的品牌特色和文化特色，并在此基础上通过数字化手段放大这些优势，呈现更好的品牌形象，提供更便捷、更定制化的服务。文化品牌的专注性也为单一型品牌在数字生态中建立起特定领域的权威地位奠定了基础，它们如果能够较早地开始数字生态的构建，就能够通过自身丰富的专业知识吸引优秀的数字技术资源，完成早期的数字技术储备。在数字化内容构建方面，单一型文化品牌往往具有悠久的历史和丰富的文化积淀。这些文化品牌可能源于古老的传统工艺或技术，代代传承，积累了独特的制作工艺、技艺和传统知识。这种历史积淀为文化品牌提供了独特的文化遗产，也为其在数字化过程中创造出更多的文化故事和内容提供了素材。品牌方可以通过生态中的多种媒介来展示其产品的独特性，例如，通过视频、直播、交互内容等方式向用户展示独特的产品特色和制作过程，吸引那些寻求独特、纯正传统文化产品的用户。

单一型品牌构建数字生态的意义重大，如果它们能够一直坚守初心，致力于保护和传承传统文化，就能够通过数字生态更广泛而深入地传播更多相关的知识和技艺，以及传统美学观念、道德伦理、人文关怀等更深层次的文化价值观，这种文化传承的使命也赋予了文化品牌更高的社会责任感和影响力。

2.多元型文化品牌

多元型文化品牌是指涉足多个相关领域或产品的品牌。这些文化品牌通过在不同领域展开业务，扩大了自己的市场覆盖范围，并在多个领域内建立了一定的专业声誉。多元型文化品牌通常具有跨领域经营的特征，并擅长资源共享，崇尚协同发展。多元型文化品牌在不同的领域中经营并推出相关产品或服务，同一个文化品牌可能涵盖艺术、设计、时尚、餐饮、旅游等多个领域。例如，意大利时尚品牌范思哲（Versace）既经营高级时装，也推出家居装饰品和香水系列，跨越了时尚、家居和美容领域。尽管多元型文化品牌在不同领域有所涉足，但它们在品牌形象和核心价值观上保持一致。文化品牌通过共同的理念、设计风格或文化内涵，在多个领域中建立起独特的品牌识别度。例如，日本品牌无印良品（MUJI）在家居用品、服装、家电等领域中树立了简约、实用和可持续的品牌形象。多元型文化品牌善于通过不同领域之间的资源共享和协同效应实现更大的市场优势，在文化品牌中的多个 IP 品牌或子品牌可以跨部门合作，共同推动品牌创新和发展。

多元型文化品牌的特征是善于进行资源共享与整合，并且在同一领域中拥有多元化的产品线，能够满足用户多方面的需求。这些优势与数字生态的特征高度契合，也使得它们能够在数字生态构建的过程中获得更大的发展动能。多元型文化品牌数字生态构建的优势在于内容输出的多元化，以及多平台联动的能力。多元型文化品牌可以让不同类型的产品通过数字生态实现多样化的内容输出，品牌可以整合各种形式的媒体资源来创造丰富多彩的文化内容，例如，艺术作品、文化活动、教育资源等。通过数字媒体的整合传播，这些内容可以影响广泛的用户。数字生态为多元型文化品牌提供了充分地整合各种平台和资源的机会，文化品牌可以依赖自身强大的平台整合能力吸引更多其他相关平台与其进行联动，共同推广和传播文化内容。如果一个多元型文化品牌同时拥有教育类产品、音乐类产品和艺术类产品，它就可以同时与在线教育平台合作，提供文化艺术教育课程；与数字音乐平台合作，推广传统音乐作品；与在线艺术平台合作，展出和销售概念性艺术作品。这种平台整合与联动可以拓展文化品牌的用户群体，实现资源的共享与互补。

由于涉及的产业类型较多，多元型文化品牌的数字生态构建为就业机会的创造和经济增长提供了推动力。数字化的发展使得文化品牌能够通过在线销售、数字内容创作等方式拓展市场，增加销售收入，并带动相关产业链的发展，如数字媒体、互联网技术、电子商务等，为整个产业生态带来了新的增长点。

3. 综合型文化品牌

综合型文化品牌是在多个领域内提供广泛产品和服务的品牌。它们以多元化和全方位的文化体验为特点，通过在不同领域中提供一系列相关产品和服务来满足用户的需求。综合型文化品牌通常涉足多个产业领域，善于跨界合作与文化活动策划，能够为用户提供更个性化、更有参与感和更具社会价值的体验活动。综合型文化品牌经常策划丰富多样的文化活动，如艺术展览、音乐会、戏剧演出等，以吸引不同类型的用户。通过举办文化活动，文化品牌加强了与用户的互动。例如，英国的剑桥艺术剧院（Cambridge Arts Theatre）经常举办文化活动。综合型文化品牌通过与其他品牌、艺术家、文化机构的合作，创造更丰富的文化体验。品牌之间的联动可以共同推广和传播文化价值观，扩大文化品牌影响力。法国奢侈品牌路易威登（Louis Vuitton）与多位艺术家和设计师合作推出限量版艺术品和设计作品，通过与艺术界的合作丰富了品牌的文化内涵。综合型文化品牌注重为用户提供个性化的文化体验和参与机会。通过互动展览、个性化导览、定制化服务等方式，文化品牌创造了与用户更密切的连接。

综合型文化品牌本身就整合了多个领域中的多元化资源并拥有多种类型的产品，自身已经形成了良性的生态发展模式。在数字化背景下，综合型文化品牌往往寻求更新锐、更领先的科技创新发展路线。文化品牌将更多投入运用于研发先进的科技，如人工智能、虚拟现实（VR）、增强现实（AR）、区块链等，以提供更丰富、互动和沉浸式的文化体验，并实现内部流程的优化和数字化运营的高效管理。在选择合作伙伴时，综合型文化品牌也会积极寻找科技公司、创意机构或头部艺术家，共同完善更多元的文化生态，创造出更具有差异化和创新性的产品和服务。完整的 IP 开发流程是综合型文化品牌内容创新的重要路径，每一个成功的 IP 都能够帮助文化品牌提高其在不同领域中的特色与辨识度，帮助文化品牌融合音乐、电影、展演、时尚活动等多类型的媒体业态，实现更强的跨界传播效力，延伸品牌产品线。

通过数字化技术和跨界合作，综合型文化品牌从一定意义上搭建了促进不同文化交流与融合的平台，让不同地域、背景和文化习惯的人们能够通过品牌互相了解、分享和欣赏各种文化表达形式。这种文化交流与融合有助于促进文化多样性的传承，加强人们对其他文化的认知和理解，促进文化的共生共融。

这些不同类型的文化品牌在不同领域和市场中都发挥着重要的作用。单一型文化品牌通过对特定领域的专业性和深度研究，树立了自己的权威地位。多元型文化品牌通过在多个相关领域的经营，扩大了市场覆盖范围和专业声誉。综合型文化品牌通过多领域涉足和全方位的文化体验，提供了丰富多样的文化选择和用户参与机会。无论是哪种类型的文化品牌，成功的关键都在于对目标用户的理解、品牌形象的塑造和市场营销策略的执行。

（二）不同影响力的文化品牌在数字生态中的特征

1. 国际性文化品牌

国际性文化品牌通常具有全球化的视野和多元化的文化内涵，注重品牌形象的塑造和传播，以及在全球范围内的市场拓展和品牌推广。国际性的文化品牌通常具有全球化的视野和多元化的文化内涵，并且有较高的知名度和美誉度，能够让品牌形象更深入、更广阔地被塑造和传播，并吸引更多的用户和投资者，具有较高的品牌价值和市场竞争力。这类文化品牌也拥有具有较强的创新能力和技术实力，而且具备较强的资源整合能力和全球供应链管理能力，能够实现资源共享、成本控制和效率提升，不断推出新产品、新服务和新体验，满足用户不断变化的需求和期望。同时，国际性文化品牌也面临着不同国家、不同文化、不同法律法规等多种复杂的市场环境和风险挑战，以及本土品牌、新兴品牌等多种竞争对手的挑战。因此，国际性文化品牌在发展过程中需要具备较强的适应性和风险管理能力，较强的市场洞察力、创新能力和品牌差异化策略。强大的社会责任感、公共关系管理能力和危机应对能力也必不可少，以此对应来自用户、媒体、政府等多方面的监管和舆论压力。

数字生态在国际性文化品牌的全球化发展中发挥了重要作用。数字生态为国际性文化品牌提供了覆盖全球的展示平台，文化品牌可以通过网站、社交媒体、移动应用等数字渠道向全球用户传播品牌形象和文化内涵，利用数字化技术呈现多媒体内容、虚拟体验和互动功能，以吸引用户的注意力并建立与他们的情感联系。文化品牌可以通过多语言网站、社交媒体账号和在线平台，以多种语言和文化表达形式传播品牌信息，这有助于建立不同文化背景的用户对文化品牌认知和认同，促进文化品牌与用户之间的情感连接，提高用户的忠诚度。利用社交平台和跨境电商平台，文化品牌可以将产品和服务直接推向全球用户，打破时空限制，扩大市场覆盖范围。数字化平台还可以帮助文化品牌了解各个市场的需求和趋势，进行市场调研和个性化定位，从而更好地满足不同国家和地区用户的需求。在风险管控方面，数字生态通过全球化、数字化的供应链管理和数据分析工具，为国际性文化品牌提供了实时监测和反馈机制，使文化品牌能够更好地识别、评估和管理风险，提高应急响应能力。

数字生态在国际性文化品牌的全球化发展中扮演着重要角色，它能够帮助文化品牌建立全球化的形象，实现全球市场拓展，促进跨文化沟通和品牌传播，确保文化品牌的稳定发展。国际性文化品牌通过数字生态构建将本国的文化和艺术表达方式传播至全球，与其他文化进行对话和碰撞，能够更好地促进不同国家和地区之间的文化交流与融合，促进文化的多元性和创新性。

2. 国内文化品牌

国内文化品牌则更注重本土文化的传承和创新，以及与用户的情感共鸣和互动。从国内用户的层面来说，国内文化品牌具有深厚的本土文化底蕴，能够更好地满足用户的文化需求和情感需求，使其产生更高的品牌认同度和忠诚度。从品牌管理的角度来看，国内文化品牌对国内市场趋势和用户需求的分析更透彻，因此能提供更加贴近国内用户的产品和服务，能以更好的社会责任感和公共关系管理能力去回应社会期望和关注。同时，国内文化品牌具有更好的资源整合能力和有力的政策支持，能够利用政策红利、资源优势和产业链协同效应，提高文化品牌的竞争力和市场份额。国内文化品牌同样面临着竞争压力与挑战，并且更需要提升创新能力和技术实力，以满足用户对于高质量产品和服务的需求。

国内文化品牌的创新需求可以促使数字平台提供更多样化、更丰富的内容形式和交互方式，文化品牌通过数字化工具和技术创造出更具创意和互动性的文化体验，吸引用户的关注和参与。利用数字平台推广和传播创新的文化内容，以获得更广泛的用户。国内文化品牌的创新需求还能够推动移动应用、数据分析和用户洞察分析的发展，为用户提供个性化的文化体验。随着数字生态中用户的洞察能力越来越强，移动应用必须结合定位、推荐算法和用户偏好数据，为用户提供更贴合用户的个性化的文化内容、服务和体验，满足不同用户的需求。数据分析工具也越来越强大，能让文化品牌更好地发现潜在的市场机会，针对性地制定创新和推广策略，提高创新的成功率。

在相同的文化背景下，数字生态为国内文化品牌和用户之间的互动提供了更大便利。文化品牌能够充分利用社交媒体和数字平台与用户进行实时互动，创造出新颖的文化体验和表达方式，推动本土文化的创新和演进，引导用户参与到本土文化的创造和传承中。通过举办线上文化活动、发起用户生成内容激励等方式，文化品牌可以鼓励用户在互动过程中分享自己对本土文化的理解和体验，促进文化传承。数字平台也为文化品牌提供了展示本土文化创意和艺术作品的机会，推动文化创作的多样性和创新性发展。数字生态中的数据收集和分析工具可以帮助国内文化品牌进行文化保护和创新的决策，通过对用户数据、市场趋势和用户反馈的分析，文化品牌可以更好地了解用户对本土文化的需求和偏好，调整文化传承和创新策略。通过数据分析，还可以发现文化传承中的问题和挑战，从而制订更有针对性的保护和创新计划，确保本土文化的可持续发展。

在数字生态的构建过程中，全球化的传播渠道能够进一步推动国内文化品牌向国际化发展，进而更广泛地传播本土文化。通过数字平台和在线内容发布，文化品牌可以将本土文化元素融入品牌形象、产品和营销活动中，吸引国内外的用户。文化品牌可以通过数字化的方式传播本土文化的价值观、艺术表现形式、传统习俗等，提升国内文化的知名度和影响力。

总的来说，国内文化品牌的创新需求与数字生态构建与发展相互促进。创新需求推动了数字平台、社交媒体、移动应用和数据分析等数字生态要素的发展，而数字生态的发展又为文化品牌提供了更多创新的机会和工具。这种相互作用有助于促进本土文化的创新、传承和发展，推动文化产业的繁荣。

3. 地方性文化品牌

地方性文化品牌注重本地文化资源的挖掘和利用，以及与当地社区和用户的紧密联系。地方性文化品牌的产品、服务和体验更加贴近当地用户的需求和习惯，通常给用户"小而美"的体验与感受，由于运营规模较小，地方性文化品牌通常以精益求精的产品和服务来获取本地用户的青睐，再以此为根基扩大其品牌影响力，通过深耕单一产品或发展多元化的业务增强其影响力。世界各地都不乏从地方性文化品牌起步而成为全球知名品牌的案例，坚守独特而源远流长的本地文化往往是它们能够走向全球的根本原因。

由于地方性文化品牌的组织架构多为家族式、学徒式或中小规模的运作，因此所面临的挑战主要来自文化品牌的规范化管理与品牌文化的传承。除此之外，在文化品牌创新发展的过程中，如何在不断焕发生机的同时保持自身形象，或尝试向外发展时如何突破地域限制等也是地方性文化品牌面临的挑战，而数字生态中的多种平台和工具能够帮助地方性文化品牌在面对上述困难时实现改善和发展。通过数字化的品牌管理系统，地方性文化品牌可以在产品、服务、营销等方面进行统一规划和监控，确保品牌形象和品质的一致性。数字化的数据收集和分析功能也可以帮助地方性文化品牌了解市场需求和用户反馈，及时进行针对性的调整和改进。通过多平台的在线内容发布，结合当地的线下活动，文化品牌能够更立体地向用户传达品牌的历史、故事和核心价值观，传播品牌的创新产品和形象。通过丰富的内容表达和互动性的传播方式，文化品牌可以激发更为年轻的群体对品牌文化的兴趣和认同，打破他们从小对文化品牌建立起来的刻板印象，并促使其成为文化品牌文化的传承者和推广者。同时，数字生态为地方性文化品牌突破地域限制和尝试外部发展也提供了路径，通过社交媒体和电子商务平台，文化品牌可以实现跨地域销售和推广，拓展市场份额，而数字化的传播和社交媒体的使用也为文化品牌与外部合作伙伴、文化创意人才等进行合作和联动提供了便利。这种外部发展有助于文化品牌扩大影响力、获得新的创新资源，并在更多地域传播和推广本地文化。

数字生态可以帮助地方性文化品牌克服管理规范化、品牌文化传承、形象塑造和地域限制等挑战，为地方性文化品牌发展提供更广阔的机遇和更强的竞争优势。

（三）不同的产业领域的文化品牌在数字生态中的特征

1. 影视出版类文化品牌

影视出版类文化品牌是涉及电影、电视剧、音乐、出版物等领域的品牌。这些文化品牌通过创作、制作和传播影视作品，承载着文化价值观、文化故事和文化艺术形式，对社会文化产生重要影响。影视出版类文化品牌根据业务范围的细分，可以分为以下四种类型。

第一，影视制作。这类文化品牌在电影和电视剧领域具有专业的创作和制作能力。它们投资影视项目，从剧本创作、演员选角、摄影摄制到后期制作等环节，全面参与影片的创作和制作过程。好莱坞的迪士尼公司是全球知名的影视出版类文化品牌之一，其通过其子公司制作和发行了许多成功的动画电影和系列电视剧。

第二，影视作品发行。这类品牌不仅在影视作品的创作和制作中发挥重要作用，还承担着影片的发行和推广责任。它们通过全球范围的发行网络、宣传营销活动和数字媒体平台，将影视作品推向全球观众。好莱坞的环球影业（Universal Pictures）作为一家全球领先的影视发行和制作公司，成功推广了许多重要的电影作品。

第三，音乐制作和发行。影视出版类文化品牌还涉及音乐的创作、制作和发行。它们与音乐人合作，为影视作品创作原创音乐，或发行电影和电视剧原声音乐。这种音乐与影视的结合加强了作品的情感表达和文化内涵。例如，索尼音乐娱乐（Sony Music Entertainment）通过与电影制片厂和电视公司的合作，为众多影视作品提供音乐制作和发行服务。

第四，文学作品出版。影视出版类文化品牌还负责出版和发行与影视作品相关的文学作品，如改编小说、剧本集、电影指南等，这些作品为观众提供了更深入人心的故事和角色，丰富了影视作品的文化内涵。

影视出版类文化品牌中产生的各类作品的品质决定了品牌的发展，其数字生态构建以"内容"为核心，建立数字化的内容发行平台是影视出版类文化品牌数字生态构建的关键。通过建立自有的数字平台或与现有的数字平台进行合作，文化品牌可以将这些作品以数字化的形式发布和传播，包括电影、电视剧、纪录片、动画等。这些平台可以提供在线观看、下载、订阅等服务，满足用户的多样化观影需求，并通过数字版权管理系统确保内容的合法使用。通过社交媒体，文化品牌可以与观众进行实时互动，通过发布作品相关内容、制作花絮、主创采访等，与观众分享故事背后的创作过程和幕后花絮，满足观众好奇心的同时拉近他们与作品的距离。同时，通过社交媒体的数据分析，文化品牌可以了解观众的喜好和反馈，为创作和市场推广提供参考。数字生态的构建还可以促进影视出版类文化品牌的跨平台整合和内容延伸，可以将影视作品延伸到其他形式的媒介，例如，小说、漫画、游戏等，也可以将其他媒介的创作延伸到影视作品中。通过跨媒体的呈现形式塑造完整的 IP，拓展用户群体，实现不同平台之间的整合，为观众提供更多元化的体验。

数字生态的建设也为影视出版类文化品牌提供拓展国际市场的机会。通过数字化的内容发行和在线平台，品牌可以突破地域限制，将作品推向国际市场，吸引海外用户。这些平台通过多语言字幕和配音等服务支持，为国际化的用户提供了更好更专业的浏览体验，让全球用户都能够欣赏优质的文化内容。通过数字生态的建设，影视出版类文化品牌能够更好地满足观众的需求，实现内容的创新与传播。

2. 文化展演类文化品牌

文化展演类文化品牌是专注于艺术表演、文化活动和展览的品牌。它们通过举办演出、艺术展览、文化节庆等活动，向观众呈现丰富多样的艺术形式，为观众带来不一样的文化体验。影视出版类文化品牌根据展演形式的不同，主要分为以下三种类型。

第一，艺术表演和演出。文化展演类文化品牌通过举办艺术表演和演出，呈现各种艺术形式，如舞蹈、音乐会、戏剧、歌剧等。它们为观众提供高品质的艺术体验，并推动本地和国际艺术家的交流和合作。例如，奥地利的维也纳国家歌剧院（Vienna State Opera）是世界著名的文化展演品牌，以其丰富多样的歌剧和音乐会演出而闻名。

第二，艺术展览和画廊。文化展演类文化品牌通过艺术展览和画廊的形式展示艺术品和文化创作。它们为艺术家提供展示作品的平台，同时为观众提供欣赏和购买艺术品的机会。例如，法国的卢浮宫（Louvre Museum）不仅是世界上较大的艺术博物馆之一，还通过举办艺术展览展示收藏作品，向公众展示了丰富的艺术文化。

第三，文化节庆和活动。文化展演类文化品牌组织文化节庆和活动以庆祝特定的文化传统、节日或重要事件。这些活动包括游行、音乐节、狂欢节等，吸引了大量观众和参与者。例如，巴西的里约热内卢嘉年华（Rio Carnival）是世界上著名的文化节庆之一，吸引了成千上万的游客和参与者。

文化展演类文化品牌的数字生态构建在当今数字化时代具有重要意义，数字化的文化展演类品牌将虚拟和现实更紧密地结合在一起。新媒体艺术是实现数字化展演的关键媒介，可以有效地推广文化展演类文化品牌独特的艺术表达形式，用户通过美轮美奂的跨时空体验沉浸式地感受文化。虚拟现实（VR）和增强现实（AR）技术为文化展演类文化品牌的数字生态构建提供更丰富的视觉效果和交互体验，品牌可以利用虚拟现实（VR）技术为现场观众提供身临其境的演出体验，为观众带来仿佛置身于舞台中央的感觉。而增强现实（AR）技术则可以将虚拟元素叠加于真实环境中，为观众创造与展演相关的、超越现实的交互式体验。OMO（Online-Merge-Offline）模式是文化展演类品牌主要的传播模式，线上用户通过数字化平台可以欣赏增加了多种数字化效果的线下活动的直播，线下用户通过虚拟现实（VR）和增强现实（AR）等技术身临其境地体验新媒体技术制造的魔幻空间。建立数字化展示平台是文化展演类文化品牌运用的主要传播手段，这个平台可以是一个网站、移动应用、虚拟现实（VR）或增强现实体验（AR）平台。通过这些平台，品牌可以提供高质量的视频、音频、图像和互动内容，观众也可以通过平台随时随地访问展示内容，例如，家、办公室、商场和其他活动场所等。数字化展示平台还可以为观众提供在线购票、订阅服务、观看回放、发弹幕、聊天等功能，观众能通过互动的方式参与和体验展演活动。

3. 文化旅游类品牌

文化旅游类品牌是专注文化遗产、旅游景点和旅游体验的品牌。它们通过将文化和旅游结合，为游客提供丰富的文化体验和旅游服务。文化旅游类品牌根据活动内容的不同，主要分为以下四种类型。

第一，文化遗产保护和推广。文化旅游类品牌关注文化遗产的保护和推广，通过将历史建筑、古迹、博物馆等文化遗产向公众开放，传承和弘扬历史文化。例如，埃及金字塔与博物馆管理局（Egyptian Pyramids and Museum Authority）负责管理和推广埃及的金字塔和博物馆，吸引了全球游客。

第二，文化景点和旅游路线。文化旅游类品牌开发和推广具有文化特色的景点和旅游路线，为游客提供独特的文化体验。文化旅游类品牌通过导游、解说、展示和互动活动等方式，向游客介绍历史、文化和传统。

第三，文化节庆和活动。文化旅游类品牌还组织和推广各种文化节庆和活动，吸引游客参与和体验当地的文化传统。这些活动包括庆典、民俗表演、艺术展览等，为游客提供了独特的文化旅游体验。例如，印度的色彩节（Holi Festival）是世界上著名的节庆之一，吸引了大量国内外游客。

第四，文化导览和旅游服务。文化旅游类品牌提供文化导览和旅游服务，为游客提供专业的解说员、导游和旅游服务人员，帮助游客了解当地的文化和历史。它们还提供各种旅游套餐和定制化的旅游体验，满足不同游客的需求。

文化旅游类品牌的数字生态构建核心在于增强参与体验和多平台传

播。通过提供参与性的体验和在多个平台上传播品牌，文化旅游类品牌可以通过定制化的旅行体验提升用户的参与积极性，结合其他文化旅游资源，强化多平台的传播。数字生态构建可以为线下和线上用户共同提供更多参与机会，增强他们的参与感和互动性。在线下的文旅项目中加入虚拟现实的体验设计能够帮助用户以更生动地形式了解相关的历史文化知识，而通过数字平台上的交互功能，品牌可以促进用户参与相关的活动、分享旅游经历和互动交流，发布有趣的内容、旅游攻略、文化知识等，吸引更多用户的关注。此外，鼓励用户分享旅游经历、使用特定的品牌标签和互动标记，也可以提高品牌的曝光度和用户参与度。通过对整个过程的数据收集和分析，帮助品牌更加了解用户的偏好和需求，并根据这些信息提供个性化的旅游建议、推荐和服务，设计更个性化的旅游体验，提高用户对文化的欣赏水平。

数字生态构建也有利于文化旅游类品牌与其他领域的跨界合作，共同推广文化旅游产品和服务。例如，与当地酒店、航空公司、旅游机构、艺术机构等合作，提供综合性的旅游服务和体验，实现资源共享、市场拓展、用户的个性化体验等，提升品牌的影响力和竞争力。这种数字化构建的合作模式为品牌带来了更多的机会和可能性，同时也为用户提供了更丰富、多元化的文化旅游体验。

通过以上手段，文化旅游品牌可以打造具有吸引力的数字生态，提升用户参与体验和多平台传播，从而提高用户对文化的欣赏水平，促进品牌的发展，提高品牌的市场竞争力。

4. 公共文化类品牌

公共文化类品牌是与公共机构、社会组织和社区合作，推广和促进公共文化活动的品牌。公共文化类品牌致力于提升公众对文化的认知和参与，促进社会文化的发展和共享。公共文化类品牌根据项目内容的不同，主要分为以下四种类型。

第一，社区文化活动和项目。公共文化类品牌与社区合作，组织和推广各种社区文化活动和项目。这些活动包括艺术展览、文化节庆、社区剧院和音乐表演等，促进社区居民的文化参与和交流。美国的伯克利艺术博物馆和太平洋电影资料馆（Berkeley Art Museum and Pacific Film Archive）通过与社区合作，举办各种艺术展览和文化活动，为当地居民提供了丰富的文化体验。

第二，文化教育和普及。公共文化类品牌注重文化教育和普及工作，通过讲座、工作坊、培训项目等形式，向公众传授文化知识和技能。它们提供文化教育资源，帮助公众了解和欣赏不同的艺术形式和文化表达。英国的英国国家图书馆（British Library）通过举办讲座和研讨会，向公众介绍和探讨世界文化遗产和重要文学作品。

第三，文化保护和遗产管理。公共文化类品牌与公共机构合作，致力于文化遗产的保护和遗产管理。它们参与文化遗产的修复、数字化和展示工作，保护重要的历史和文化资源。例如，法国的巴黎遗产局（Paris Heritage Bureau）负责保护和管理巴黎的历史建筑和文化遗产，确保其可持续发展和对公众开放。

第四，文化政策和规划。公共文化类品牌与政府机构合作，参与制定和实施文化政策和规划。它们通过研究、咨询和项目执行，为政府提供文化发展的建议和支持。

促进公共文化的可访问性和文化创意创新是公共文化类品牌数字化构建的主要意义。数字生态构建可以打破时间和空间的限制，使公共文化更加开放。这不仅可以让更多的人享受公共文化的资源和内容，也有助于促进文化的传承、创新和交流，提升公共文化的影响力和社会价值。通过构建数字生态，公共文化的资源和内容可以更加便捷地被大众所获取和利用，通过提供多元化的访问途径，可以扩大用户范围，并为他们提供定制化的体验，促进文化交流和传承。传统的公共文化机构通常有地域限制和时间限制，只能在特定的场所和时间进行展示和传播。而通过数字生态构建，公共文化可以通过互联网和数字平台传播，突破地域和时间的限制，使更多的人可以在全球范围内访问和体验特定区域的公共文化。文化遗产的数字生态构建，也起到了保护和保存文化资源的作用，其能够跨越时间的限制，让更多的人通过观看、讨论、分享的方式了解和传承文化的精髓和价值。

数字化创新在社区文化活动、文化教育普及和文化遗产保护管理方面均有所应用。数字化创新为社区文化活动提供了在线社区平台，社区可以创建专门的在线平台以促进社区成员之间的文化交流和互动。这些平台提供了让社区成员分享、讨论和推广各种文化活动的便捷方式，如艺术展览、音乐会、戏剧演出、文化竞赛等。平台也为社区提供了更广泛的宣传渠道，吸引更多的人参与和关注社区的文化活动。例如，社区可以邀请社区成员提交他们的文化创意作品，通过在线投票或评审选出获胜者并给予奖励，随后在在线平台上组织文化展览，展示社区成员的创意作品，让更多的人欣赏和了解社区的文化创意。

数字化创新同样可以在文化教育普及中得到广泛运用。社区可以开设在线的文化学习课程，提供关于历史、艺术、文学等领域的知识和教育资源，让社区成员可以通过在线平台在家中学习和了解文化，提高他们的文化素养。社区还可以建立一些数字化的文化资源库，包括数字图书馆、艺术作品数据库、数字化档案馆等供社区成员免费或有偿地访问和利用。社区可以利用在线平台开发文化教育应用程序、游戏和工具，以吸引年轻一代对文化的兴趣和参与，并为青少年的校外学习提供新的渠道。这些互动教育工具通过在线平台发挥作用，让学习变得更加生动有趣，激发学生对文化的兴趣和热情。

在文化遗产保护管理过程中，数字化创新主要体现在数据库管理、文化遗产重建和在线协作方面。数字生态为文化遗产的保护和管理建立了数字化档案和数据库，让人们可以在虚拟环境中体验和探索文化遗产，无论它们是否已经存在于现实世界中。通过在线协作平台，让专家、学者、志愿者和社区成员共同参与文化遗产的保护和管理，这种在线协作平台能够促进不同领域和背景的人们之间的合作和交流，提高文化遗产保护管理的效率和质量。

总而言之，公共文化类品牌通过在线平台、虚拟现实、数字化档案和数据库等工具和技术，让社区能够推动文化活动的传播，促进文化教育的普及和创新，加强文化遗产的保护和管理。这些数字化创新不仅丰富了社区成员的文化体验，也推动了社区文化的发展和传承。

5. 生活类文化品牌

生活类文化品牌关注与个人生活相关的文化产品和服务。它们通过创造和推广与时尚、美食、健康、旅行等领域相关的文化体验，与用户建立情感联系和身份认同。生活类品牌根据经营内容的不同，主要分为以下四种类型。

第一，时尚和美妆品牌。生活类品牌在时尚和美妆领域具有影响力，通过设计、制造和销售时尚服装、配饰、化妆品等产品，引领时尚潮流和美容趋势。它们通过时尚秀、广告宣传和线上内容发布等方式，与用户分享时尚文化和美丽理念。

第二，美食和饮品品牌。生活类品牌在美食和饮品领域提供独特的文化体验，通过餐厅、咖啡店、食品产品等，满足用户的味蕾和饮食需求。它们强调食材的质量、烹饪的创新和用餐的体验，传播美食文化和美食理念。

第三，健康和运动品牌。生活类品牌在健康和运动领域致力于提供具有健康生活理念的产品和服务。它们推广健康饮食、健身运动和身心平衡的理念，为用户提供健康指导。

第四，旅行和休闲品牌。生活类品牌提供与旅行和休闲相关的产品和服务，为用户创造独特的旅行体验和休闲方式。它们提供酒店、度假村、旅行套餐和休闲活动，满足人们对放松和探索的需求。

生活类品牌的数字生态构建旨在通过数字化传播渠道和平台，更广泛地传达品牌的生活理念和推广以人为本的生活产品，让更多的人能够接触和了解品牌所倡导的自然、美好的生活方式，同时激发人们对品牌的兴趣和共鸣。生活类品牌通常具有独特的生活理念和价值观，构建数字生态为品牌提供了更广泛的传播渠道，通过发布相关内容，展示品牌的生活理念、价值观和产品特点将自己的理念传递给更多的用户，引发用户共鸣。生活类品牌还可以通过研发智能产品为用户提供全方位的生活类产品，将品牌与用户的互动和体验推向更高的层次。智能类生活产品可以利用人工智能等技术，实现数据的采集、分析和应用，品牌可以通过用户数据了解用户需求和行为，为用户提供更个性化、智能化的产品和服务。例如，智能化的家居生态系统可以让用户通过手机、平板电脑等设备远程控制和管理产品，用户可以通过手机 App 或云平台，随时随地监控和控制家中智能产品的运行状态，提高生活的便捷性和舒适度。品牌可以通过远程监控和数据收集，实时了解产品的使用情况和用户反馈，更好地了解用户的生活方式、兴趣和偏好，为用户提供更加精准和有价值的服务体验。用户也可以分享自己的使用体验、创意和建议，与品牌和其他用户进行交流和互动，这种社交共享的互动可以增强用户的品牌认同感和忠诚度，同时为品牌提供用户洞察和市场反馈。同时，品牌还可以通过与其他智能产品或服务提供商的合作，构建更大的智能生态。通过整合不同品牌的智能产品和服务，用户可以享受到更加全面和综合的智能化生活体验。通过开放应用程序接口（API）和合作伙伴关系，还可以实现多品牌产品之间的互联互通和协同，为用户提供更佳的生活智能解决方案。

通过构建数字生态，生活类品牌可以提供更智能化、个性化和便捷的产品和服务，增强品牌与用户之间的互动和联系。数字技术的应用可以让品牌更好地了解用户需求、提升用户体验，同时为品牌带来更多商业机会和价值。

以上所述仅包括了一些常见的文化品牌分类，并不能穷尽所有的文化品牌。不同的品牌在不同的领域和市场中有不同的特点和影响力。这些文化品牌通过各自的活动和产品，丰富了人们的文化生活，对社会发展和人类文化的传承与发展产生了积极的影响。

二、媒介

在以文化品牌为中心的数字生态中，媒介起着连接和传递信息的关键角色，主要媒介包括数字化影像、新媒体展览、应用程序、社交媒体和在线内容平台，这些媒介在数字生态中让品牌可以实现与用户更多层次的互动。

（一）数字化影像

数字化影像作为一种媒介，在数字生态中具有高度可传播性和可重复性的特征，可以通过网络、移动设备等多种渠道进行传播，让观众可以在不受时间和空间限制的情况下访问和分享。数字化影像还可以通过高清晰度、多角度拍摄、动画、后期特效制作等技术手段，提供更加精彩和生动的视觉体验。数字电影的叙事特征与数字技术的发展密切相关，数字技术为电影提供了更多的创意空间和表现形式，也带来了更多的叙事选择和挑战。在以文化品牌为中心的数字生态中，数字化影像主要包括数字电影、微电影和短视频、动画这三种主要形式。

数字电影的叙事特征可以从多个角度进行分析，例如，视角、结构、风格、类型等。不同的数字电影可能会采用不同的叙事策略，以适应不同的主题、内容和观众。从视角上来说，数字电影可以利用多种视角来展现故事，如主观视角、客观视角、全知视角等。数字技术可以使视角更加灵活和多变，也可以提高观众的参与度。从结构上来说，数字电影可以利用多种结构来组织故事，如线性结构、非线性结构、套层结构、网状结构等。数字技术可以使结构更加复杂和丰富，也可以使故事更加开放和随机。从风格上来说，数字电影可以利用多种风格来呈现故事，如写实风格、超现实风格、模拟风格、混合风格等。数字技术可以使风格更加自由和创新，也可以使故事更具吸引力和震撼性。从类型上来说，传统的电影分类可分为科幻类、动作类、恐怖类、喜剧类等多种类型，而数字技术则让这些风格变得更加融合、丰富与多样化。

数字微电影和短视频的叙事特征与数字技术和新媒体环境密切相关，数字技术为微电影和短视频提供了更多的创作工具和表现形式，新媒体环境为微电影提供了更多的传播渠道和观看场景。数字微电影具有时长短、制作周期短、成本低、叙事碎片化等特征。数字微电影的片长一般在 30～300 秒之间，短视频的时间则更短，因此要求影片在短时间内完成叙事，内容具有创意性，高度凝练，并有利于快速传播。微电影的制作周期一般在几天到几周，要求影片在短时间内完成策划、拍摄、剪辑、发布等各个环节，内容具有时效性，紧跟社会热点或市场需求。数字微电影和短视频制作成本低，但要求影片在低成本下完成高质量的制作，内容具有经济性，充分利用现有资源或社会资本。叙事方式一般采用碎片化、开放式、非线性、互动性等叙事策略，在有限的时空中展现丰富的故事情节和人物形象，与观众产生共鸣或互动。

数字动画的叙事特征在于运用美术、影视、音乐等元素表达故事和主题，其利用计算机技术和新媒体平台，能够创造更多样化和更具互动性的叙事形式。数字动画结合了电影、绘画、数字技术、声音等多维度的叙事要素，利用二维与三维动画技术创造出逼真或夸张的空间透视效果，增强观众的沉浸感；与传统电影一样通过蒙太奇语言、运镜、剪辑等镜头叙事构建出更复杂的或非线性的故事结构让观众有更强的代入感；最终再加上音乐、音效、对白等声音要素，塑造出鲜明或多样化的角色形象，营造情感氛围，增强观众的共鸣。

运用数字动画作为内容表现形式的文化品牌，需要将文化符号进行富有想象力的创作革新，这种革新是包括脚本、视觉、技术等多个方面的。经典的文化符号往往已经过多次创作与传播，大众对其已有较高的心理预期，既希望经典再续，又希望能感受到不同于其他作品的闪光点。例如，2015 年的动画电影《大圣归来》，就是对《西游记》这一经典文化 IP 的重塑。通过成功的角色设计、剧本设定和在动画技术上的突破，赢得了观众的口碑与高度的传播效力。《大圣归来》的成功为此后的经典 IP 改编动画积累了大量市场反馈与运营经验，更多的动画团队开始孵化新的项目。2019 年的《哪吒之魔童降世》，创作团队经过长时间的探索，以颠覆性的角色设定和先进的三维制作技术，以及更成熟的营销策略，结合社交网络找到了更多赢得观众共鸣的传播点，再次将中国神话中的经典故事推向更高维度，让更多的创作者与观众一同感受到了数字动画的魅力。

目前，运用较多的一种数字动画衍生形式为动画短视频，它是一种结合了数字动画和短视频两种媒介形态的数字文化产品，具有时间短、节奏快、形式多样、创意丰富等特点。动画短视频的叙事特征与后现代文化有许多共同之处，主要体现在叙事场景碎片化、叙事语言多元化与叙事主体去中心化、叙事内容浅表化等特征。叙事场景碎片化指的是它们往往不遵循传统的故事结构或逻辑，而是通过快速切换不同的场景或视角，营造出一种跳跃或冲突的效果；叙事语言多元化指的是它们往往不局限于一种风格或类型，而是融合了各种不同的图像、音乐、文字、声音等元素，形成了一种富有变化和创新的表达方式；叙事主体去中心化指的是它们往往不强调作者或者说话者的身份或立场，而是让观众自由地参与和解读故事，并产生自己对故事的认同感。①

---

① 赵志明，朱丽萍．后现代语境下短视频的叙事特征分析 [J]．传媒，2021（6）：58-60.

动画短视频更多地依附于社交网络和短视频流媒体进行传播，一些动画短视频为了追求短时间内的大量传播而将叙事内容浅表化，不追求深刻或严肃的主题或寓意，而是以娱乐、搞笑、吸引眼球为目的，展现一些轻松或荒诞的故事情节。这种方式制作周期短，并且能让互联网用户可以快速浏览、转发而获取流量。还有一些动画短视频则是通过精良的制作、深刻的主题来获取流量，这一形式往往会获得长期效应，并在用户心目中形成更深化的品牌印象。

（二）新媒体展览

新媒体展览是指利用新媒体技术展示、传播和交流艺术作品的一种展览形式。新媒体艺术的特点是使用计算机、互联网和数字媒体等技术创作艺术作品，因此新媒体展览也主要通过这些技术来呈现展览内容。新媒体展览通过多样化的媒介叙事贯穿整个展览，以交互技术提升参观者的体验感和参与感，弱化时空的限制，并及时获取反馈。新媒体展览的表现形式非常多样，以下是几种常见的形式。

1. 数字艺术展

数字艺术展（Digital Art Exhibition）是一种基于数字技术的实体艺术展览形式，它不依赖于传统艺术媒介，如绘画、雕塑等，而是通过计算机技术和数字媒介创作的作品来展示艺术家的创意和才华。数字艺术展可以包括动画、虚拟现实、数字绘画、视频艺术、数字雕塑、交互艺术等多种形式。数字艺术展的特点是多样性和互动性。数字艺术作品可以通过多种数字媒介呈现，艺术家可以利用计算机技术和数字技术创作出更加具有创意性的艺术作品，同时数字艺术展也可以通过数字技术实现观众与作品的互动，提高观众的参与感和艺术体验。例如，《数字革命》是一次集数字媒介和艺术创新于一体的展览，它展示了数字媒介对于现代艺术的巨大影响。此次展览汇集了世界各地的艺术家，展示了数字艺术在不同领域的应用和发展趋势。《生命之舞》是一次以数字雕塑和虚拟现实（VR）技术为主题的展览。此次展览中的作品利用数字技术创作出了生动的人体雕塑和虚拟现实场景，使观众可以在虚拟现实中亲身感受艺术作品带来的震撼。《数字梦境》中的作品以数字绘画和交互艺术为主要形式，展示了数字媒介所带来的无限创意和想象力。通过数字绘画和交互艺术的手段，艺术家创作出了具有视觉冲击力和体验感的艺术作品。利用互联网和移动设备将展览内容呈现给观众，例如，在线艺术展览、艺术家网站、移动 App、数字导览等。这些展览通过网络展示交流艺术作品、创意和文化，通过移动设备、电脑、数字电视等多种数字设备与全球的观众互动。它利用新兴的网络技术，让更多人方便地欣赏艺术作品，同时也提供了一个创新的展示平台，使得更多的艺术家和艺术爱好者能够互动交流。数字展览和传统展览较大的不同在于互动性、永驻性、可访问性和可持续性。数字展览可以加入互动元素，例如，在线讨论和即时反馈，使得参展者和观众能够更深入地探讨艺术作品和创意；艺术家或艺术评论家通过网络写博客，分享创意和评论艺术作品；艺术网站或 App 可以保留数字化的艺术作品，使得它们可以长期保存和流传。数字展览依附于数字设备，因而具有更良好的可访问性，许多智能设备都开始研发或已经具有关爱模式，使得视障群体和其他具有特殊需求的群体也能够欣赏艺术作品。与此同时，数字展览可以减少传统展览所带来的能源和环境损耗，有利于可持续发展。

目前，一些官方机构和博物馆已开启了数字展览平台，例如，卢浮宫推出的在线虚拟游览 "The Louvre Virtual Tour"，使观众可以在家中浏览卢浮宫的艺术品。

2. 交互式展览

交互式展览是指在展览中加入互动性元素，使参观者可以与展品、展览内容以及其他参观者进行交流和互动的展览形式。交互式展览通常利用现代科技手段，如多媒体、虚拟现实（VR）、增强现实（AR）、智能化系统等，为参观者提供更加丰富、生动、个性化的参观体验。交互式展览的发展历程可以追溯到 20 世纪 90 年代，当时利用多媒体和计算机技术制作的互动式展览开始在博物馆和艺术馆中出现。随着技术的不断更新和发展，交互式展览的形式和内容也日趋多样和丰富，如智能化系统、虚拟现实（VR）、增强现实（AR）等技术不断被应用。同时，随着人们对参观体验的需求不断提高，交互式展览也越来越受到展览场馆和观众的重视。

交互式展览的表现形式多种多样，例如，可以通过触摸屏幕、声音互动、运动传感、投影技术等方式呈现。展览场馆可以设置专门的互动区域或者将互动元素融入整个展览中，使参观者可以在欣赏展品和与展品互动之间无缝切换。交互式展览可以为参观者提供更加深入、全面了解展品和展览主题的机会。通过互动，参观者可以以更加自主、个性化的方式去获取信息，探索展览内容，加深对主题的理解和认知。同时，交互式展览也可以激发参观者的兴趣和想象力，使其更积极地参与互动。展览场馆可以通过交互式展览吸引更多的参观者，特别是年轻人群体，提升展览的社交化、趣味性和可持续性。

3. 多媒体展演

将数字媒体技术应用于各种不同的艺术形式，例如，数字音乐会、数字戏剧等。数字音乐会与数字戏剧都是使用数字技术和网络技术制作、表演和传播的多媒体展演形式，通常采用虚拟舞台、影像特效、动画、互动媒体等技术手段，让观众可以通过电脑、手机等数字设备在线观看或参与其中。数字展演有超越时间和空间限制的特征，数字戏剧可以在任何时间、任何地点进行表演和观看，观众不需要亲临现场就能够感受戏剧的魅力。多媒体展演强调互动性和参与性，常常通过社交媒体，让观众参与其中，与演员、音乐家和其他观众互动。相比于传统展演，数字展演制作成本较低，制作周期较短，并且可以进行录制并在后期进行编辑，保证音质和画质的完美呈现，同时也可以多次观看，提高了观众的可观看性。著名的数字戏剧之一是英国国家剧院推出的《网络尤里西斯》(*National Theatre Live: Frankenstein*),这是一部基于玛丽·雪莱的小说《弗兰肯斯坦》改编的戏剧,由演员班尼迪克特·康伯巴奇和乔恩·尼维尔轮流扮演弗兰肯斯坦医生和怪物的角色,该作品在全球范围内获得了广泛的好评和关注,并向全球推广了英国文化。以数字音乐会为载体的文化活动案例包括史蒂芬妮·乔安妮·安吉丽娜·杰尔马诺塔(Lady Gaga)的线上音乐会《同一个世界:团结在家》(*One World: Together At Home*),这是一场由世界卫生组织和全球公民公益组织合作举办的线上特别慈善音乐会,旨在为全球疫情抗争筹集资金,当晚超过1亿人在线观看了这场音乐会。

4. 实验性展览

实验性展览是指通过创新的展览形式、新颖的展览主题、前沿的展览技术等手段,尝试创造出一种新的、前所未有的展览体验,例如,基于机器学习的交互展览、人工智能艺术展览等。实验性展览通常不局限于传统的展览形式,可以包括各种艺术、科技、设计、文化等领域,可以是单一主题的展览,也可以是跨领域的展览。实验性展览的实验性体现在创新的展览形式、新颖的展览主题、前沿的展览技术等。实验性展览通常采用创新的艺术表现、科技手段、交互设计等形式来呈现展览主题。例如,采用投影、人机互动、音效等技术手段来创造视听效果,增强观众的沉浸感。实验性展览通常选择一些新颖的展览主题,以吸引观众的关注,激发他们的思考。例如,对于一些社会热点话题,实验性展览可以从多个角度进行解读,引发观众思考。实验性展览通常采用前沿的展览技术,如虚拟现实(VR)、增强现实(AR)、大数据等,以创造出更加沉浸、互动、创新的展览体验。实验性展览的目的是突破传统展览的限制,为观众提供一种前所未有的体验,激发他们的思考和想象力,同时也可以促进展览行业的创新发展。

（三）应用程序

应用程序是在智能化设备上安装和运行的软件工具，数字平台和应用程序是文化品牌数字生态中的核心媒介。这些平台和应用程序可以是品牌自己建立的，也可以是与合作伙伴共同开发的。通过数字平台和应用程序，品牌可以提供丰富多样的内容，包括影音作品、艺术展览、演出活动等，观众可以通过这些平台进行浏览、观看、参与和互动。在文化品牌的数字生态中，应用程序可以提供丰富的功能和体验。观众可以通过应用程序获取品牌的最新动态、购票信息、互动活动等。应用程序还可以与观众的个人偏好和行为进行数据交互，提供个性化的推荐和参与体验。

（四）社交媒体与在线内容平台

社交媒体平台在文化品牌数字生态中扮演着重要角色。通过社交媒体平台，品牌可以与观众建立直接的互动和联系，分享品牌信息、活动动态、艺术家的创作过程等。观众可以通过社交媒体平台对品牌进行评论、点赞、分享等，增加品牌的曝光度和影响力。同时，品牌还可以通过社交媒体平台收集观众的反馈和意见，为品牌的改进和优化提供参考。社交媒体作为媒介在数字生态中具有多样性和互动性的特征。社交媒体平台如 Facebook、Instagram、微博等，为品牌和观众提供直接互动和交流的渠道。品牌可以通过社交媒体发布最新消息、艺术作品、幕后花絮等内容，观众可以通过评论、点赞、分享等方式参与和传播品牌信息。

在线媒体和内容平台是文化品牌数字生态中的重要媒介之一。通过在线媒体和内容平台，品牌可以在更广泛的媒体渠道上传播品牌形象和作品，包括新闻媒体、在线杂志、视频网站等。这些平台可以为品牌提供更多的曝光机会，吸引更多的观众和潜在合作伙伴。同时，品牌还可以与在线媒体和内容平台进行合作，通过品牌推广、广告投放等合作形式，提升品牌知名度和市场影响力。在线内容平台是通过网络提供各种形式的文化内容的平台，如视频网站、艺术作品分享平台、在线杂志等。

三、数字化身份

在以文化品牌为中心的数字生态中，存在多种类型的用户身份，包括普通用户、用户的虚拟身份和完全的虚拟人。普通用户是指实际存在且没有其他数字化身份的人，他们通过数字渠道与文化品牌进行互动。这些用户可能是品牌的忠实用户、粉丝或追随者，通过购买产品、参与活动、提供反馈等方式与品牌进行交流。用户的虚拟身份是指用户在数字生态中创建的虚拟角色或代表。这些角色可以是游戏中的角色、虚拟社交平台上的个人或数字身份等。用户可以使用这些虚拟化身与传统文化品牌进行互动，参与虚拟现实体验、虚拟展览、数字游戏或其他数字化活动。完全的虚拟人是指通过人工智能、计算机图形学和自然语言处理等技术生成的人工智能实体。这些虚拟人可以模拟人类的外貌、声音和行为，并具备与用户进行对话和互动的能力。在文化品牌的数字生态中，完全的虚拟人可以扮演角色、提供信息、回答问题、提供建议等。这些数字化身份的存在可以增强文化品牌与用户之间的互动和参与度，并为品牌创造更广泛的数字化体验。

（一）普通用户

普通用户是不可忽视的一环，他们越来越多地对文化品牌的传播产生影响。文化品牌的传播渠道与方式包括使用社交媒体、在线购物平台，参与线上和线下的品牌活动等。越来越多的普通用户在社交媒体上分享与文化相关的内容，通过创作图片、音乐、视频、文章等方式发表自己的观点，与朋友分享，并吸引更多用户的关注和传播。除此之外，用户通过在线购物平台购买自己喜欢的文化品牌的产品，并将其推广给自己的亲朋好友；参与文化品牌的线上或线下活动，包括展览、演出、活动等。这些行为借助数字生态的分享性从多方面促进了文化品牌的产品、内容、观念的传播。

除了用户对文化品牌的传播产生影响外，文化品牌也可以从专业性、价值观、知识产权和用户反馈等方面对用户加以引导。要想实现对用互动正确引导，文化品牌要保证自身价值观的正确，避免自身过度商业化；文化品牌还要运用自身的专业性，通过数字平台向用户普及他们需要了解的文化背景、历史内涵等方面的知识，避免用户受到误导；文化品牌要引领用户尊重知识产权，避免用户在创作、分享和使用与传统文化相关的内容时的侵权行为；文化品牌还要关注用户的反馈和意见，及时修正和调整自己的传播方式和内容，增加用户体验和品牌价值。

文化品牌和普通用户在数字生态中具有较强的共生关系，普通用户在文化品牌的传播中扮演着非常重要的角色，文化品牌对用户也有着重要的引导作用。

（二）虚拟身份

在数字世界中，品牌、媒体或个人用户都可以化身为多种虚拟身份和角色。这些虚拟身份有的与其真实世界中的身份背景相关，有的则是在数字世界中完全虚拟出来的角色。在本文所探讨的数字生态中，虚拟身份主要包括数字化身、虚拟创作者和关键意见领袖（KOL）三个类别，这三类角色可以相互独立，也存在交叉与融合。

1. 数字化身

数字化身的概念最初是在游戏领域出现的，游戏玩家可以通过创建一个虚拟人物或角色来代表自己。在当下的网络游戏中，也有以历史文化为背景而创作的文化IP。例如,《大唐无双》手游就是以唐朝为背景的游戏,通过游戏角色、剧情等方式,将唐朝文化元素融入游戏中,该游戏采用逼真的3D技术和音效,多位玩家能以数字化身的身份身临其境地感受唐朝的辉煌与繁荣。通过游戏,玩家能够增加对传统文化的兴趣和热爱。

随着虚拟技术的进步,数字化身已经不再局限于游戏领域,它已经开始在社交网络、虚拟现实和人工智能等领域中发挥越来越重要的作用。真人用户的数字化身可以通过不同的方式创建。其中一种方法是利用3D扫描技术,将真实的人物扫描并转化为数字化模型。这种方法通常用于创建高度逼真的数字化身,如电影中的数字化演员。另一种方法是通过手工建模的方式,将真实的人物转化为数字化模型。这种方法比较耗时,但可以更好地呈现数字化身的细节和外观。

总之,真人用户的数字化身可以应用于许多领域。在游戏领域中,玩家可以通过数字化身参与游戏,并代表自己与其他玩家互动。在社交网络中,用户可以创建自己的数字化身,以代表自己与其他用户交流和互动。在虚拟现实和增强现实领域中,数字化身可以成为用户在虚拟和现实世界之间的桥梁,使用户能够更好地在虚拟、现实环境中生活。在人工智能领域中,数字化身可以成为人工智能助手的形象,使用户更容易与人工智能互动。数字化身为真人用户带来了无限的可能性和创造力,用户在数字世界中创造自己的形象,打破现实中的限制,实现自己的梦想和愿望。数字化身也为品牌营销和推广带来了新的机会,数字化身的形象也可以在社交媒体上进行推广和传播。一些明星和艺人通过在社交媒体平台上发布关于传统文化的内容,向粉丝传递传统文化的魅力和价值观。同时,他们自己的数字形象也可以作为传统文化的推广形象,通过网络向更多的人传递传统文化的魅力。"真人用户的数字化身"不仅仅是一种数字技术,它还对娱乐、文化、艺术和文化品牌推广等领域产生了深远的影响。

2.虚拟创作者

真人用户可以利用虚拟现实（VR）技术和工具，创建自己的虚拟世界、虚拟场景、虚拟艺术品等作品，将自己的创意和想象力通过数字媒介呈现出来。虚拟创作者包括技术创作者、内容创作者、虚拟艺术家等多种类型。技术型的虚拟创作者可以在虚拟现实（VR）、增强现实（AR）、人工智能等技术领域，通过使用各种软件工具和技术手段，创造出具有人类智慧、表达和情感能力的虚拟形象。技术型的虚拟创作者需要具备多种技能和知识，包括3D建模、动画制作、编程、角色设计、声音设计等方面的技能，同时还需要有良好的沟通和团队合作能力，能够与其他创作者和开发者紧密合作，共同完成虚拟创作项目。随着虚拟现实（VR）技术的不断发展和应用，虚拟创作者的需求也越来越大，成为一个新兴和具有潜力的职业领域。

虚拟内容创作者是指使用虚拟形象、虚拟场景等虚拟元素，通过计算机技术和软件工具，创作出包括图片、视频、音频等各种类型的虚拟内容的人。这些虚拟内容可以用于游戏、影视、动画、漫画、广告、营销等各种领域。这些创作者可以通过自己的创意，创造出具有个性化、多样化、前沿化等特点的虚拟内容，满足用户对虚拟内容的需求。虚拟内容创作者在虚拟世界中有着广阔的创作空间，可以创作出多种虚拟形象、场景和故事情节等。同时，虚拟内容创作者还可以利用虚拟形象、虚拟场景等虚拟元素，表达和传递各种不同的情感和价值观。

虚拟艺术家也是运用数字技术进行虚拟内容的创作，他们创作的内容以艺术化的表现形式来呈现。他们使用计算机生成技术（CG）等数字技术创作出来艺术作品，通过互联网或其他数字媒介进行展示和传播。这些虚拟艺术家可能是由单个人或是由数字团队创建出来的，他们的作品包括但不限于数字艺术品、游戏、动画，等等。虚拟艺术家的创作过程主要依赖于计算机软件和硬件设备，因此他们可以创建出完全虚构的、超现实的艺术作品，让观众可以身临其境地感受数字世界的艺术魅力。

在数字时代，虚拟艺术家的创作已经成为艺术领域的一个重要分支，他们通过数字媒介进行的创作和表达，打破了传统艺术形式的限制，拓展了艺术的边界和表达方式。

虚拟艺术家注重技术与艺术的结合，例如，运用各种新兴技术，包括虚拟现实（VR）、增强现实（AR）、人工智能等，与传统艺术形式结合创作出具有新颖性和创意性的艺术作品。虚拟艺术家需要非常善于资源整合，他们的作品往往难以通过个人的力量传播，因此常常需要与其他领域的艺术家、科技公司、音乐人等进行跨界合作，借助多样化的资源，实现更加丰富多彩的艺术表达。他们的作品多数可以通过网络平台进行公开展示和传播，使更多人可以接触到艺术，让艺术更加平民化。除了线上的传播，探索元宇宙和真实世界的联系也是虚拟艺术家的重要创作议题，他们的一些作品是与环境进行互动的，通过虚拟技术将艺术和现实世界相融合，增强了观众的参与感和艺术的感染力，并且通过对传统艺术形式的再创作，使传统艺术形式与现代技术结合，产生新的意义和价值。

随着数字技术的不断发展和普及，虚拟艺术家在艺术市场中的地位也越来越重要。他们通过数字媒介进行的创作和表达，与传统艺术形式相结合，为观众带来了前所未有的体验和视觉感受。同时，他们也为当代艺术的发展提供了新的思路和方向，成为数字时代的艺术先锋。

3. 关键意见领袖（KOL）

随着社交媒体的普及和数字化营销的兴起，关键意见领袖（KOL）成为数字营销中的重要角色。KOL 指的是在某一特定领域内，具有一定影响力和权威性，能够影响其他人的决策和行为的个人或机构。在数字营销中，KOL 通常被用于产品推广、品牌建设和用户转化等方面，他们通过自己的社交网络和粉丝群体，向目标用户传递品牌信息和产品推荐，帮助品牌实现营销目标。

根据 KOL 的影响范围和影响方式，可以将 KOL 分为行业专家、自媒体人、名人明星等主要类型。行业专家是对某一特定领域有深入了解和研究的专业人士，他们通常在学术界、研究机构或企业中担任高级职务，具有权威性和专业性。自媒体人是指在微博、微信公众号等平台上具有一定关注度和粉丝群体的个人或机构，他们通过发布内容吸引粉丝，并具有一定的影响力。名人明星是指在娱乐、体育等领域具有较高知名度和一定粉丝基础的人物，他们的言论和行为通常受到广泛关注。

随着社交媒体和电商平台的蓬勃发展，KOL 已经成为文化品牌营销和推广的重要手段之一。许多文化品牌通过 KOL 来推广产品和服务，以获得更高的品牌认知度。KOL 具有较大的影响力，同时具有一定的权威性和专业性，可以为文化品牌带来正面的宣传和口碑效应，提升文化品牌形象和用户对文化品牌的信任度和忠诚度。KOL 在社交媒体和网络上拥有一定的关注度和粉丝群体，可以快速传播产品信息，并且通常能够与粉丝进行深入的互动和交流，能够提高用户参与度和用户黏性。中国的许多文化品牌都会与 KOL 合作，例如，故宫博物院作为中国头部的文化品牌，与微博红人"毒舌大叔""老艺术家赵四"等多位 KOL 合作，通过这些 KOL 的介绍和分享，让故宫博物院在社交媒体上引起了广泛关注和持续讨论，扩大了故宫博物院在年轻群体中的影响力和知名度，让更多的年轻人开始关注中国悠久的历史文化。其他行业的文化品牌如李宁、NEIWAI（内外）、喜茶也都曾以与 KOL 合作的方式，结合中国文化打造并推广了相关产品，获得了品牌的高效传播。

一些 KOL 的自身优势和设定就是文化推广，他们的影响力也对文化传播起到了一定作用。在全球范围内，中国文化的传播和推广面临着许多挑战，例如，语言障碍、文化差异、市场竞争，等等。而 KOL 作为拥有一定社会影响力和粉丝基础的人物，能够通过自身的努力和创造性的方式，向海外用户展示中国文化的独特魅力和价值，帮助中国文化更好地走向世界。例如，知名的自媒体人 Papi 酱以视频博主的身份为人熟知，她曾经发布过《中国菜你了解多少》的视频，她以幽默、诙谐的方式介绍了中国的饮食文化和特色菜肴，得到了全球用户的广泛关注。资深媒体人、创业者罗振宇以 KOL 的身份，通过自己的播客节目《得到》向全球用户介绍了中国的历史、文化、政治、经济等各个方面的知识和信息。他的节目深受人们的喜爱。

KOL 作为数字时代的文化传播者和推广者，发挥着越来越重要的作用。他们通过自身的创造力，向全球用户展示了中国文化的独特魅力和价值，实现了中国文化的广泛传播。

（三）虚拟人

虚拟人作为数字化身份的一种，已经逐渐引起了人们的关注。虚拟人是通过计算机技术创造的一种人工智能实体，具有自主意识和交互能力，可以为人类提供各种服务，例如，教育、娱乐、医疗等。虚拟人通过语音识别、语音合成、自然语言处理、机器学习等技术来模拟人类思维和行为。虚拟人是一个数字化的身份，通过互联网和各种智能设备进行交互，为用户提供各种服务。

虚拟人的历史可以追溯到 20 世纪 60 年代。当时，人们开始使用计算机模拟人类的行为和语言，用于解决人工智能领域的问题。1966 年，伊莉莎（Eliza）成为历史上第一个成功的聊天机器人，通过简单的规则和模式匹配，伊莉莎能够与人进行简单的对话，并引起了人们的极大兴趣。20 世纪 90 年代，人们开始将虚拟人应用于网络游戏和虚拟现实领域，例如，《第二人生》等游戏中就有大量的虚拟人物。2000 年以后，随着人工智能技术的不断进步，虚拟人的应用范围也进一步拓展，例如，智能教育、智能医疗等领域。

创建虚拟人需要运用语音识别、语音合成、自然语言处理、机器学习等技术。语音识别技术是指将人类语言转换成计算机可以处理的数字信号的技术。虚拟人通过语音识别技术，可以识别人类语言并转换成可理解的数字信号。语音合成技术是指将计算机生成的文本转换成人类可理解的语音信号的技术。虚拟人通过语音合成技术，可以将计算机生成的文本转换成自然的语音信号。自然语言处理技术是指将人类语言转换成计算机可以理解的形式的技术。虚拟人通过自然语言处理技术，可以理解人类语言并进行自然的语言交互。

在本文所涉及的数字生态中，虚拟人主要有以下五种典型的应用场景。

1. 智能客服

虚拟人可以作为智能客服，为用户提供各种服务。虚拟客服一般通过语音识别和语音合成技术，与用户进行自然的语言交互，解决用户的问题，同时使用人工智能技术，对大量的数据进行分析和处理，从而更好地理解用户的需求，并提供更准确的服务。虚拟客服可以随时随地提供服务，不受时间和地域限制，能够快速回应用户，提高用户满意度。与人工客服相比，使用虚拟客服更节约成本，虚拟客服能为用户提供更标准的服务。例如，对于文化品牌来说，相比于人工客服，虚拟客服可以为用户提供全天化的标准服务，服务质量不会因为情绪和疲劳等因素下降，品牌方也无须为虚拟客服支付薪资，从而降低企业成本。机器学习技术是指让计算机自动学习和改进的技术。虚拟客服通过机器学习技术，可以不断优化自身的服务和交互效果，提高用户体验。

当然，虚拟客服也存在一些缺点。例如，当前的虚拟客服智能化水平还有待提高，提供的服务和建议往往是基于机器学习算法和历史数据分析得出的结果，因而可能存在误导用户或无法处理复杂问题的情况，影响用户决策；现在的虚拟客服无法像人工客服一样表现出人情味，无法进行情感交流，可能会影响用户的服务体验。不过，这些缺点随着时间的推移和强人工智能的发展有可能在未来得到改善甚至彻底解决。

强人工智能指一种能够自主学习、自我完善、具备类似人类思维和决策能力的人工智能系统，虽然强人工智能具有广阔的应用前景，但强人工智能的发展也会带来许多风险，对于虚拟客服来说，它的安全问题已得到了广泛关注，虚拟客服需要获取用户的个人信息和数据，为用户提供更好的服务和体验。然而，这也可能会引发隐私问题、安全问题等。虚拟客服处理的信息涉及用户的个人隐私，在当前监管水平落后于技术研发水平的背景下，虚拟客服有泄露用户隐私或导致用户信息被盗用的风险。此外，虚拟客服需要利用网络与用户进行语音交互，因而存在黑客攻击、网络攻击等安全风险，攻击者可利用虚拟客服获取用户的敏感信息、篡改虚拟客服的服务内容。

2. 虚拟讲师

虚拟讲师是一种通过人工智能技术构建的虚拟形象，可以为用户提供在线知识普及服务。它利用自然语言处理和机器学习技术，通过网络平台随时随地为用户提供教育服务，节省了用户的出行成本，提高了学习的效率和便捷性。同时，虚拟讲师可以根据用户的需求和偏好，提供针对性的学习计划和学习指导，帮助用户更好地实现学习目标。随着人工智能技术的发展，虚拟讲师与用户进行智能化交互和沟通越来越自然流畅，并不止于提供机械化的答案，而是可以给用户提供更适合的教学方案，更好地解答用户提出的问题。

在文化品牌中，虚拟讲师可以担任多个角色。以博物馆类的文化品牌为例，虚拟讲师可以同时成为观众的现场导览和线上文化导师。博物馆作为文化遗产的代表，对于参观者来说具有重要的教育和文化意义。然而，传统的讲解方式往往枯燥乏味，难以吸引参观者的兴趣。而虚拟讲师的出现改变了这种状况，它可以通过语音合成技术为参观者提供更加生动、形象、有趣的讲解，让参观者更好地理解博物馆中的展品及其蕴涵的文化内涵，提升参观者的参观体验。传统的讲解方式需要大量的人力物力投入，不仅需要招募和培训大量的讲解员，还需要协调讲解员的排班问题。虚拟讲师的出现可以极大地提升工作效率，不仅可以减少人力物力的投入，还可以实现不间断的服务，方便了博物馆的管理和运营。

　　虚拟讲师可以根据参观者的需求和兴趣提供个性化的服务，例如，根据参观者的性别、年龄、文化背景等特征来改变虚拟讲师的音色、语速、讲解词，让参观者感受到更贴近自己的讲解服务。此外，虚拟讲师还可以根据参观者的兴趣进行展品推荐，引导参观者更深入地了解自己感兴趣的文化遗产。通过记录参观者的访问数据和反馈意见来进行数据收集和分析，以此了解参观者的兴趣点和行为习惯，从而进行展品布局和展示策略的优化，提升博物馆的吸引力和体验性。

　　在参观者参观完展览后，如果有进一步的学习要求，虚拟讲师既可以作为某个学科的专家为用户提供深入浅出的知识讲解和案例分析，又可以作为用户的在线辅导员，为用户提供更多线上内容的学习辅导和答疑服务，帮助用户实地参观完展览后还可以在线上更好地了解和吸收各专业领域的内容。

　　虚拟教育讲师在文化品牌中的发展前景非常广阔。除了博物馆，还有很多其他的文化场所可以运用虚拟讲师，例如，图书馆、艺术馆、文化遗产保护区、历史古迹等。在图书馆中，虚拟讲师可以帮助读者了解图书馆的资源和服务，提供图书馆的导览、检索、借阅等方面的帮助和指导。虚拟讲师还可以根据读者的兴趣和需求，为读者推荐相关书籍和资料，提供定制化的阅读建议和服务。在艺术馆中，虚拟讲师可以向观众介绍艺术家和艺术作品，提供多媒体展示和互动体验，从而提高观众的艺术鉴赏能力和文化素养。虚拟讲师还可以根据观众的兴趣和需求，为观众推荐相关的艺术展览和文化活动。在文化遗产保护区和历史古迹中，虚拟讲师可以向游客介绍文化遗产的历史文化背景和保护情况，提供虚拟实景漫游和多媒体讲解服务，从而增加游客的参观体验和知识储备。虚拟讲师还可以为游客提供导游和文化讲解服务，帮助游客更好地了解当地的历史文化和人文风情。

　　总之，虚拟讲师可以在各种文化场所中发挥重要作用，帮助观众和游客更好地了解当地的历史文化和人文风情，提高他们的文化素养和参观体验。随着虚拟技术的不断发展和应用，虚拟讲师将会在文化服务领域中发挥越来越重要的作用。

3. 虚拟 KOL

虚拟人可以成为 KOL，也就是关键意见领袖。虚拟人可以通过其在数字世界中的高度可塑性和创造力，创造出与众不同的形象和品牌，成为某些领域的 KOL。目前，全球范围内已经有一些虚拟人以 KOL 的身份衍生出文化 IP，中国的洛天依（Luo Tianyi）就是典型案例。洛天依的形象设计灵感来源于中国的传统文化元素，包括古装、汉服、扇子等，同时也融入了一些现代元素，如未来科技感。她的形象和声音非常符合中国年轻人的审美，因此很快就赢得了大批粉丝的喜爱。她的音乐作品由国内资深的音乐制作人创作，注重中国传统音乐元素和现代流行音乐元素的融合。其中的一些作品反映了中国的文化元素和价值观念，如中国传统的女性美、家庭观念、人际关系等，这些观念通过洛天依的音乐作品得到了广泛传播。洛天依在海内外举办了多次虚拟音乐会和演出，为世界各地的听众展现了中国音乐文化的魅力，得到了多个国家和地区的听众的认可。除了音乐方面，洛天依也在其他领域积极推广中国文化。例如，在 2019 年的北京国际文化创意产业博览会上，洛天依的形象被应用在多个展位和项目中，展现了中国文化与科技的融合之美。

就目前来看，虚拟 KOL 在中国的文化传播和推广方面具有很大的潜力和优势。通过虚拟人的形象，可以将中国的文化元素和价值观念传递给更多的人群，为中国文化的海内外传播和推广做出贡献。

总体来看，虚拟人是一种数字化身份，可以模拟人类语言交互，为人类提供各种服务。虚拟人的应用领域广泛，包括客户服务、教育、医疗等方面。虚拟人的技术包括语音识别、语音合成、自然语言处理、机器学习等方面。虚拟人的应用也存在一定的风险，如隐私问题、安全问题、道德问题等。因此，在虚拟人的开发和应用过程中，需要重视用户隐私保护和数据安全，加强虚拟人的监管和规范，提高虚拟人的服务质量和用户体验。

4. 虚拟品牌大使

虚拟人作为文化类品牌大使，通常通过社交媒体平台或者品牌自有的应用软件进行运营。虚拟人可以代表品牌与用户进行互动，分享品牌文化和价值观，并向用户传递品牌信息和产品服务。同时，虚拟人的可爱形象和亲和力也能够吸引更多用户的关注。虚拟人可以帮助品牌树立个性化形象，与用户进行更为亲密的交流，提升品牌的知名度和美誉度，通过不断地更新内容和互动，吸引更多用户参与品牌活动和社群互动，从而加强品牌和用户之间的黏性和忠诚度。虚拟人作为一种新兴的营销手段，能够帮助品牌拓展新的营销渠道，降低营销成本，提高市场影响力。

当前，一些中国传统文化品牌也开始将虚拟人作为品牌大使来推广和传播自己的品牌文化。故宫博物院就推出了一款名为"小管家"的虚拟人应用，作为品牌的文化大使。在这个应用中，"小管家"以故宫博物院的宫廷管家形象出现，与用户聊天互动，向用户介绍故宫博物院的历史、文化和艺术品等内容，并提供参观指南和旅游建议。通过这种方式，故宫博物院成功地将品牌形象和品牌文化融入虚拟人中，吸引了更多用户的关注和参与，提升了品牌的知名度和美誉度。中华书局推出的虚拟人品牌大使"小中华"，也是以一个可爱的人形形象出现，向用户介绍中国传统文化和经典著作，并提供阅读推荐和学习指导。通过这个应用，中华书局成功地将自己的品牌形象和文化内涵融入虚拟人中，赢得了用户的关注和认可。

这些例子都表明，将虚拟人作为品牌大使传播品牌形象与文化是十分可行的，虚拟品牌大使在帮助品牌树立个性化形象的同时，也与用户进行了紧密的交流，帮助品牌提升了知名度和美誉度。同时，虚拟人也能够通过不断更新内容和互动，吸引更多用户参与品牌活动和社群互动，从而加强品牌和用户之间的黏性以及用户对品牌的忠诚度。

5.虚拟游戏角色

虚拟人作为游戏角色的历史可以追溯到 20 世纪 80 年代，当时的游戏中常常会出现一些简单的虚拟角色，例如，"马里奥""大金刚"等，这些角色的形象和动作非常简单，但是它们能够吸引玩家的注意力和情感投入，是游戏中不可或缺的一部分。随着游戏技术的不断发展和进步，虚拟人的形象和特性也逐渐变得更加逼真和复杂。20 世纪 90 年代初期，随着 3D 技术的出现，游戏中的虚拟角色也开始呈现出更加逼真的形象和动作，例如，"桑尼""铁甲小宝"等经典游戏角色。在智能技术广泛应用于游戏领域的当下，一些游戏中的虚拟角色不仅可以作为玩家的伙伴，还可以担任游戏中的剧情角色，以及给玩家提供各种游戏建议和指导，帮助玩家更好地融入游戏。在一些较新的游戏中，虚拟游戏角色可以根据玩家的行为和反应，自主学习和调整自己的策略和行为，从而实现更加逼真和真实的互动效果。

在文化类游戏中，由于整个游戏借鉴了真实世界中的人文历史要素，游戏在整体上具有独特的文化氛围，因而，这类游戏能够增强用户的文化认同，从而增加用户的忠诚度。在这种游戏中，虚拟人可以扮演游戏角色、提供游戏导览、提供游戏攻略、与玩家互动，等等，从而为玩家提供更加丰富的游戏体验。文化类游戏有多种类型，包括解谜游戏、角色扮演游戏、动作游戏等，根据游戏类型和用户，游戏公司通过考虑角色的外貌、个性、语言等方面来设计和开发虚拟人，让玩家更容易与角色产生情感共鸣和互动。通过使用虚拟人技术，可以将游戏角色塑造得更加真实。

一个成功的文化类虚拟人游戏案例是《盛世骄阳》。《盛世骄阳》是一款以古代中国为背景的角色扮演游戏，其中运用了虚拟人技术。在游戏中，玩家可以扮演各种不同的角色，与游戏中的虚拟人角色进行互动，同时游戏也融入了大量中国文化元素，如传统节日、历史人物、古代建筑等。通过这种方式，该游戏吸引了大量玩家，并成功地将品牌理念和品牌文化融入游戏之中，赢得了玩家的认可。除此之外，中国游戏市场中还有很多其他受欢迎的虚拟游戏角色。例如，《王者荣耀》中的"貂蝉"和"嬴政"；《大话西游》中的"唐僧""孙悟空""白骨精""牛魔王""杨戬"；《三国杀》中的"关羽""张飞"等。这些虚拟游戏角色非常受中国用户欢迎，其有的来源于中国传统文化故事，有的来源于真实的中国历史人物。其不仅拥有独特的外观和技能，还能够体现不同历史时期的文化和价值观。除此之外，其中的一些虚拟人通过游戏角色向全球传播了中国文化，在国际范围内都拥有很高的人气，潜移默化地提升了中国文化的影响力。

第六章　数字生态中的文化品牌传播策略

文化品牌的传播是指企业将经过提炼的品牌文化通过适当的载体向社会公众和企业的利益相关者进行传播的过程。文化品牌传播的载体是指以各种具体和抽象的形式承载、传播文化的媒介和传播工具。不同的载体有不同的特点和优势，适合传播不同的文化内容和价值。

一、数字生态下的文化品牌叙事

（一）文化品牌叙事结构

在数字生态下，文化品牌的叙事结构需要适应不同的数字媒体平台和用户行为习惯。数字生态下文化品牌叙事结构的关键要素包括多渠道叙事、情节与品牌价值观融合、用户参与和共创、数据驱动的叙事决策、跨平台一致性五个方面。

1. 多渠道叙事

数字生态中存在多个数字媒体平台和社交媒体渠道，文化品牌需要在不同的渠道上进行叙事。这意味着文化品牌需要根据不同平台的特点和用户行为习惯，定制文化品牌的内容、形式和叙事风格。例如，在社交媒体上，可以通过短视频、故事化内容和用户生成内容进行叙事，而在品牌网站或应用程序上，则可以通过长篇文章、视觉展示和互动体验进行叙事。

2. 故事情节和品牌价值观的融合

文化品牌的叙事结构应该将故事情节与文化品牌的价值观和文化内涵融合在一起。通过故事情节的叙述，文化品牌可以向用户传达自己的核心价值观和品牌故事，引起共鸣并建立情感连接。这种叙事结构可以加强文化品牌形象的塑造，使用户更好地理解文化品牌的独特性和意义。

3. 用户参与和共创

数字生态提供了用户参与和共创的机会，文化品牌可以利用这一特点与用户互动，并将他们融入叙事结构中。通过用户生成内容、社交媒体互动和线上活动，文化品牌可以鼓励用户参与到文化品牌叙事中，共同创造内容和故事。这种参与和共创可以增强用户的参与感和归属感，同时丰富文化品牌的叙事结构。

4. 数据驱动的叙事决策

数字生态中的数据分析可以为文化品牌的叙事结构提供有价值的洞察。通过分析用户行为数据、社交媒体互动和叙事效果等数据，文化品牌可以了解用户喜好和兴趣，调整叙事策略和内容形式。数据驱动的叙事决策可以提升叙事效果和用户参与度，同时为文化品牌提供持续优化的方向。

5. 跨平台一致性

虽然在数字生态中有多个平台进行叙事，但文化品牌需要确保叙事内容在不同平台上的一致性。这意味着文化品牌的核心信息和品牌形象在不同平台上应该保持一致，并通过不同形式的内容展示和互动来适应各个平台的特点。跨平台一致性可以加强文化品牌的认知度和品牌形象的统一性。

通过有效的叙事结构，文化品牌可以在数字生态中与用户建立情感连接，传达品牌故事和核心价值观，提升品牌形象和用户参与度。

（二）中国文化品牌的叙事要素构建

基于中国文化进行的中国文化品牌的叙事，需要突出中国特色，融入国际视野，讲好中国故事。

1. 突出中国特色

突出中国特色，就是要把中国的文化、历史、地域、民族等元素融入文化品牌的形象、产品、服务和营销中，让文化品牌具有独特的标识和个性。中国的传统文化历史悠久，文化品牌可以结合自身特点从多个方面和领域来提取文化元素，包括古代文学、戏剧艺术、节庆、诗词典故等。还可以以中国的自然景观、传统工艺、美食等为表达手段，通过数字化场景的构建来表达文化品牌的价值情感和中国传统文化的独特美感。这些叙事要素可以帮助中国文化品牌在数字生态中传递独特的文化形象，增强文化品牌的认知度和亲和力，获得更多用户的关注和喜爱。

2. 融入国际视野

在数字生态背景下，中国文化品牌可以积极主动地与国际品牌、文化机构、艺术家等进行合作与交流。通过与国际合作伙伴的互动，中国文化品牌可以吸纳外来文化的元素，与中国传统文化相结合，打造新颖的叙事风格。这种跨文化交流能够展示中国文化的开放性和包容性，让国际用户感受到中国文化与世界的连接与共鸣。在内容制造过程中，中国文化品牌可以选择多元化的故事角度，将中国文化与国际议题相结合，通过探讨全球性的问题或者关注国际话题，中国文化品牌叙事可以超越地域限制，引发国际用户的共鸣。这种方式能够让中国文化品牌的叙事更具有普遍性和全球意义，有助于提升中国文化品牌在国际舞台上的影响力。同时运用数字化的艺术表现形式，通过数字技术、虚拟现实（VR）技术、影像艺术等技术表现形式，中国文化品牌可以创造出更具有国际化氛围和视觉冲击力的叙事形式，既能够吸引国际用户的注意，还能够使中国文化品牌的叙事更富有创意和互动性。在国际性话题的选择过程中，中国文化品牌需要关注的是具有社会责任感和可持续发展的议题，并进行正能量的传播。中国文化品牌可以将自身的核心价值与国际性的社会问题相结合，呼吁人们共同关注环境保护、公益慈善、社会公正等议题，通过在叙事中展示中国文化品牌的社会责任等，可以让国际用户认识到中国文化品牌的全球影响力。通过将国际视野融入叙事，中国文化品牌可以展现出对全球文化的尊重和理解，加强与国际用户的沟通和互动，提升中国文化品牌在国际市场上的竞争力和影响力。

3. 讲述中国故事

中国文化品牌讲述中国故事，就是要以情节、人物、主题和美感为要素，以数字化媒介为平台，讲述与品牌相关的有趣、真实、感人的故事。数字生态提供了丰富多样的媒介和平台，品牌可以利用文字、图片、视频、动画、互动等形式，创造多样化的内容来讲述中国故事。适应不同用户的喜好和消费习惯，通过视听的表达方式和互动性的体验，增强用户的参与感和沉浸感。选取与品牌相关的主题，通过故事表达品牌的核心理念和独特价值。主题可以涵盖中国传统文化、社会问题、人文关怀等，品牌可以在讲述故事的过程中传递品牌的使命、愿景和社会责任，引起观众对品牌的认同和共鸣；精心构建引人入胜的情节，以扣人心弦的故事吸引观众的关注。在情节的设置中融入中国文化元素、传统故事或现代题材，让故事更具中国特色；刻画鲜明的人物形象，通过讲述个人的成长经历、生活故事和情感体验，用户更容易产生共鸣和情感共振。品牌可以选择真实的人物或角色，展示他们的成长和奋斗过程，通过个人故事传递中国的价值观和文化特色。通过深入人物内心世界、展现人物的成长和转变，让观众与人物建立情感联系，从而更好地传递品牌文化。数字技术和新媒体艺术为品牌提供了广阔的创作空间，可以运用高品质的摄影、视觉特效、音乐、配乐等元素，打造出视觉上令人赏心悦目、震撼人心的作品。通过精美的画面、动听的音乐和独特的美学风格，提升故事的艺术感和观赏性，让观众在欣赏故事的同时，也能感受到中国文化的独特魅力。通过情节、人物、主题和美感的综合运用，中国文化品牌可以在数字生态中讲述引人入胜的故事，吸引观众的注意力，传达品牌的价值观和文化特色，通过视听的表达方式和互动性的体验，增强用户的参与感和沉浸感。

文化品牌的中国故事叙事能够推广和发扬我国悠久的历史文化传统，在数字化背景下，文化品牌也可以融入创新的元素。传统与现代的结合可以带来新鲜感和趣味性，使中国故事更具现代感和时代性。通过将传统文化与现代科技、时尚潮流、创新艺术等相结合，讲好中国故事可以更好地吸引年轻一代的关注和参与。

二、文化品牌传播路径

1. 定义文化品牌故事

首先，文化品牌需要明确自己的核心价值观和故事主题。这包括文化品牌的使命、愿景、文化品牌背后的核心理念和文化特色。文化品牌需要确定一个明确的品牌故事，以便在数字生态中传达并建立文化品牌形象。

2. 研究目标用户

了解目标用户的需求、兴趣、价值观和行为特征，以便更好地定位用户群体，并针对他们的喜好和消费习惯来设计叙事内容。通过市场调研和数据分析，了解用户的在线行为和内容偏好，从而更精准地打造故事内容。

3. 内容制定策略

基于文化品牌的品牌故事和目标用户的分析，制定数字内容策略。确定使用的数字媒介和平台，例如，社交媒体、视频网站、博客等，并确定每个媒介的叙事风格和内容形式。内容策略中要包含叙事的频率、形式、持续性以及与用户的互动方式等。根据内容策略，创作有趣、引人入胜的内容，其中可能包括故事视频、图片集、短视频、动画、文字故事等。在创作过程中，要注意保持与文化品牌的品牌故事和核心价值观的一致性，同时要考虑用户的喜好和在线行为习惯。

4. 整合数字媒介和平台

将创作好的内容发布到合适的数字媒介和平台上。根据用户的在线行为，选择较合适的渠道来传播文化品牌的品牌叙事，例如，社交媒体平台、品牌网站、视频网站等。在不同平台上，可以根据媒介的特点和用户特征，进行内容的优化和定制化。

5. 制定传播与营销策略

数字生态提供了用户参与和与用户互动的机会。通过回应评论、开展问答互动、举办线上活动等方式，文化品牌能与用户建立更紧密的联系，并引导他们参与到品牌叙事中来。这种互动可以增强用户的参与感和对文化品牌的忠诚度。

6. 分析反馈和调整

利用数字分析工具分析数据，评估叙事的效果，并进行调整和优化。分析叙事内容的传播效果、用户反馈和互动数据，优化叙事策略和内容形式，以更好地满足用户需求，并增强文化品牌的影响力。

通过明确文化品牌的品牌故事、研究目标用户、制定内容策略、创作引人入胜的内容、整合数字媒介和平台、提供用户参与和与用户互动的机会，以及不断分析和调整，文化品牌可以在数字生态中成功讲好故事，传达文化品牌的价值观、文化特色，并与用户建立紧密的联系。

第七章　数字生态中的
文化品牌设计

　　文化品牌设计是指通过设计手段，将文化品牌的品牌文化和品牌特色表现出来，从而提升文化品牌的知名度和美誉度。在全球化、数字化的时代，文化品牌设计成为企业发展中越来越重要的一环，数字媒体不断提升的多场景整合传播效能让文化品牌的品牌设计和品牌体验对用户的影响变得更大，用户的购买行为和文化品牌的声誉也更大程度地依附于设计。在这样的背景下，文化品牌需要通过更科学、更严谨、更创新和系统化的品牌设计来提高用户对文化品牌的认知，从而提升文化品牌的品牌价值，提升文化品牌的市场竞争力和用户对文化品牌的认知度。文化品牌设计由品牌价值塑造、品牌识别设计、品牌体验设计三个层面构成，其中品牌价值塑造是文化品牌设计的目标，品牌识别与品牌体验设计是重要执行部分。

一、品牌价值塑造

　　文化品牌设计的核心目标在于传递文化品牌的品牌价值。品牌价值体现了用户对文化品牌的认知度、好感度和忠诚度等方面，是企业价值链的重要组成部分。

（一）与品牌文化承接

　　文化品牌设计要契合文化品牌的核心价值观、使命和愿景，反映文化品牌的精神和理念。文化品牌的品牌设计理念需要结合企业的品牌定位，用户的需求和喜好，以及文化品牌的核心利益和情感诉求，来传达文化品牌想要达到的思想和精神。文化品牌的品牌设计灵魂是文化品牌的核心价值，它是文化品牌所传递的内容在用户大脑中的浓缩与精髓，是文化品牌希望向目标用户传达的产品与服务的核心价值。文化品牌的品牌核心价值要能够让用户与之产生共鸣,看到更好的自己,从而产生对文化品牌的忠诚度和信任感。

文化品牌中文化与品牌设计的结合可以在许多方面体现,包括在设计中对文化元素的提取和表现,对文化品牌的品牌独特性的阐释,对文化品牌的品牌价值观的呈现,以及对目标用户的文化审美的吻合。在设计过程中首先需要通过文化调查和研究来了解品牌所在的文化背景,包括文化元素、价值观念等,尤其是对于中国的文化品牌设计,在吸收文化元素的同时,设计师应更注重保持文化品牌的独特性和创新性,体现文化品牌的自身特色。同时,设计师进行文化品牌设计时,也要符合我国的文化特点,通过创意设计将中国元素与现代元素结合在一起,以此来传达文化品牌的品牌价值观,并将中国文化与文化品牌的品牌价值观整合、承接。例如,文化品牌的品牌价值观需要与中国文化的价值观相呼应,如尊重传统、珍惜文化、追求卓越等。与此同时,设计师应该加强对目标用户的文化背景、审美观点、消费行为的了解,以便设计符合他们喜好的品牌形象。

总之,文化与品牌设计的结合需要有创意和深入的文化理解,同时也要保持文化品牌的独特性和与目标用户的契合。

(二)交互式叙事

文化品牌设计要有吸引人的叙事,让用户与文化品牌产生精神上的共鸣和情感上的联系。交互式叙事是通过多场景的媒介讲述故事的过程,它可以利用图像、色彩、光线、音乐等元素来表达设计者的意图和情感,创造有趣、生动、引人入胜的故事情节,并通过社交媒体和其他数字渠道与用户产生互动,从而让用户更加容易地理解和接受文化品牌的品牌价值和品牌理念,它可以在文化品牌的品牌推广、产品推出、品牌故事、用户体验和数字营销中发挥作用。

数字媒体的社交化属性能够让文化品牌与用户、用户与用户之间进行实时的互动，能够让用户随时提出自己的问题与想法，并和其他用户及时帮助该用户答疑解惑，满足用户的社交需求，传递自身感受，从而加强用户与用户、用户与文化品牌之间的信任和联系。与此同时，文化品牌设计的交互式叙事还体现在跨界合作方面。文化品牌与其他品牌进行跨界合作可以实现品牌叙事的协同效应，获得更多的曝光和关注，从而增强文化品牌的影响力。

交互式叙事的方法包括利用动态、隐喻和升维等手法，将文本叙事转化为视觉叙事，增强叙事符号的直观性和表现力；基于认知心理学的原理，提取具象性信息，丰富视觉传达的场景和语境，拓展叙事的时间和空间；设定清晰的叙事线索，引导用户的注意力，使其与设计对象产生共鸣；利用新媒介的特性，突破时间、空间的范畴，创造多元化和互动性的视觉叙事；让用户成为视觉叙事的主角，参与到设计过程中，形成个性化和定制化的视觉体验。

一个成功的交互式叙事需要考虑目标用户、品牌形象和价值观、文化品牌的内容和表现形式等方面。通过与用户的互动，文化品牌可以更好地了解用户的需求和偏好，同时提供有价值的体验，促进文化品牌的口碑传播。

（三）定制化设计

当前，用户的需求越来越多元化和个性化，为了满足用户需求，文化品牌需要通过数字生态中的各个环节来实现个性化、定制化设计。具体环节主要包括：数据收集和分析、个性化内容定制、高体验感设计、智能化反馈收集四个环节。

1. 数据收集和分析

数据收集和分析在数字生态中是实现文化品牌的个性化、定制化设计的重要环节。通过收集和分析用户数据，品牌可以深入了解用户的需求、偏好和行为模式，以便针对性地提供个性化的内容和体验。以下是对数据收集和分析环节的详细论述：数据收集和分析是指通过各种渠道和技术手段收集用户的相关数据，并将这些数据进行整理、分析和解读的过程。这些数据可以有多个来源，例如，社交媒体、移动应用、客户关系管理系统（CRM）、物联网设备等。数据收集和分析的目的是从大量的信息中提取有价值的用户洞察，以便文化品牌可以更好地了解用户的需求和行为，从而为他们提供个性化的体验。

2. 个性化内容定制

个性化内容定制是一种基于用户数据和洞察的策略，旨在为每个个体提供与其兴趣和需求较为相关的内容。通过个性化内容定制，文化品牌可以通过个性化的推荐、建议和呈现方式来为用户提供与众不同的体验。基于数据分析的结果，文化品牌可以对用户进行细分，并建立相应的用户画像。用户细分可以根据不同用户的不同特征进行，如年龄、性别、身份、兴趣爱好等。用户画像可以帮助文化品牌更好地了解不同群体的需求和偏好，为他们提供更加个性化的内容。推荐系统利用算法和机器学习技术，根据用户的兴趣和行为模式，为其提供个性化的推荐内容，如产品、文章、视频、音乐等；个性化推送则通过多种渠道，如电子邮件、移动应用通知、社交媒体等，向用户推送与其兴趣相关的内容。文化品牌需要不断收集和分析用户数据，以及不断调整和优化个性化内容的定制策略，通过监测用户反馈、行为数据和市场趋势，持续改进个性化内容定制的效果，确保其与用户需求保持一致。

3. 高体验感设计

高体验感设计是指在文化品牌的数字生态中，通过各种设计元素和技术手段，为用户创造出一种令人愉悦、引人入胜、令人难以忘怀的用户体验。它强调以用户为中心，注重情感共鸣和情感连接，通过创造出独特而富有吸引力的用户体验，来吸引并留住用户。高体验感设计的目标是提供个性化的用户体验，使用户对文化品牌产生信任和情感认同。

在数字生态中，高体验感设计主要通过用户界面设计、交互设计、多媒体内容设计、故事化设计等方面来实现。通过不断改进和创新设计，文化品牌可以不断提升用户体验，满足用户多元化和个性化的需求，进而实现业务增长和文化品牌的可持续发展。

4.智能化反馈收集

智能化反馈收集是定制化设计的最终环节，也可以运用于文化品牌传播的其他方面。智能化反馈是指文化品牌通过数字生态中的各种技术和工具，以智能化的方式主动或被动地获取用户的反馈信息，并将其用于改进产品、优化服务以及提升用户体验的过程。在数字生态中，智能化反馈收集主要包括实时监测与数据分析、情感分析与情感识别两个方面。文化品牌利用各种监测工具和技术，如社交媒体监测、网络分析、用户行为分析等，实时收集和分析用户在不同渠道和平台上的反馈信息，通过智能算法和数据挖掘技术，文化品牌可以快速发现用户的意见、喜好、需求等，并将其转化为有用的洞察和决策依据。在情感识别方面，文化品牌利用自然语言处理和情感分析技术，对用户的评论、社交媒体帖子、客服对话等进行分析，识别出其中蕴含的情感色彩和情感倾向。通过了解用户的情感反馈，文化品牌可以更好地理解用户的体验感受，及时回应用户需求，并改进产品和服务。

二、品牌识别设计

品牌识别是文化品牌设计的重要组成部分，它是企业形象的核心和标志。文化品牌设计应该根据企业的文化价值、目标用户和市场需求来进行。品牌识别需要具有独特性、简洁性和易记性，能够在用户的心中留下深刻的印象。品牌识别设计无论在过去、现在或未来都应简洁而独具特色，能够在用户心目中留下深刻的记忆点，并能够与其他品牌区分开来。文化品牌的品牌形象变化容易受当下设计风潮的影响，但文化品牌在追随潮流的同时还需要考虑品牌自身的文化属性，避免完全脱离自身特性的设计。将文化品牌的特色和内在文化属性放在首位并与时俱进，能够引起用户的情感共鸣，让用户在购买和使用文化品牌产品时感到自豪和满足，保持既有用户对文化品牌的信任和忠诚，又能吸引新的用户。

从设计元素来说，文化品牌的品牌形象需要提炼与其相关的文化元素来传递文化品牌所要表达的文化内涵。首先，需要对文化品牌的品牌价值观、品牌故事、品牌特点进行研究、归纳和塑造，包括了解文化品牌的历史、文化品牌的愿景和使命、文化品牌的文化和价值观等方面。其次，从中提取可转化为品牌形象的具象化元素。这些元素包括能代表文化品牌的颜色、形状、图案、字体和摄影风格等。总之，越精确化的提炼过程，就越能够呈现文化品牌的特点和个性，越能与文化品牌的价值观和故事相呼应。在元素的选择上，文化品牌的设计可以更多地融入与文化品牌内涵相关的视觉元素，而不是一味地追求刻板印象中的文化元素。对于具有中国文化元素的品牌设计来说，如何更深层次的理解，而不是单纯地使用国画、书法、传统色彩等文化元素展现中国文化，是设计师面临的重要课题。

文化品牌的品牌识别设计通常采用更艺术化的绘画、书法等形式进行表现，并且更强调手工艺术的呈现，更强调视觉表现中的人文特征，更注重文化内涵和历史积淀的传承，更强调文化品牌的文化价值和品牌信任度。当确定了表现风格、形式和元素后，需要制定文化品牌视觉规范标准，保证文化品牌在各种应用场合下视觉呈现的一致性，从而增强文化品牌的辨识度和信任度。品牌识别一般会通过设计标识、辅助图形、色彩、字体、动态效果等要素来形成基础的标准化系统，使文化品牌在视觉上具有较强的辨识度和感染力，传递出文化品牌所要表达的文化内涵，使文化品牌在视觉上更容易被识别和记忆。

（一）品牌标识（LOGO）设计

在数字生态中，设计品牌标识需要考虑文化品牌展示与传播的媒介，这些媒介包括印刷出版物、数字化媒体设备和其他融合媒介场景，因此品牌标识也应适应于不同的媒介平台、不同的背景颜色等，同时也需要考虑品牌标识的动态展示效果。在这样的背景下，家族式、动态化的标识设计得到了快速发展。

家族式 LOGO 是指在品牌系列中，所有产品或服务所使用的品牌标识的设计风格相同或相似，具有统一的视觉特征，从而形成家族品牌的视觉形象。它通常以一个主品牌的 LOGO 为基础，再通过调整颜色、字体、布局等方面的细节，为不同的子品牌或不同的产品打造出独具特色的视觉形象。家族式 LOGO 的设计优点在于，它可以让文化品牌在整个系列中具有统一的风格，减少文化品牌传播过程中容易出现的混乱和冲突，增强用户对文化品牌的辨识度和认知度，也有利于品牌建立起深厚的品牌联想和品牌认知，让用户对品牌系列产生认同和忠诚度，提高品牌的市场竞争力。

由于家族品牌中品牌产品的标识在设计风格上有一定的相似性，因而用户很容易在不同的渠道或平台上识别品牌，从而提高品牌辨识度。同时，家族式 LOGO 还可以减少品牌设计的时间和成本，提高设计效率。需要注意的是，进行家族品牌中品牌产品的标识设计时，子品牌的 LOGO 设计要与主品牌的 LOGO 风格相同或相似，但也需要在颜色、字体、布局等方面做出差异化的调整，以体现不同子品牌之间的差异和特点。

随着数字化时代的到来，动态 LOGO 设计越来越受到设计师的关注。相较于传统的静态 LOGO 设计，动态 LOGO 可以让文化品牌更具活力。在数字化背景下，动态 LOGO 设计需要突出文化品牌的核心价值和个性特征。品牌设计师需要考虑文化品牌的品牌特点和品牌形象，通过融入动态化的设计元素来体现品牌的核心价值和个性特征。与此同时，动态 LOGO 设计更要注重可视化效果与用户体验的结合，包括考虑不同媒介和设备的响应式设计，根据不同的设备和媒介采取不同的互动方式，如手指触摸、鼠标滑过等，以提升用户的交互体验。动态效果的设计是动态 LOGO 设计的核心，可通过动画、过渡等方式设计动态 LOGO，如 LOGO 的旋转、翻转、收缩、扩张等；或通过更复杂的形式进行设计，如逐帧动画、交互式动画等。总而言之，动态 LOGO 是文化品牌的重要呈现方式，富有创意的动态 LOGO 设计，可以更好地吸引用户的目光和提升文化品牌的辨识度。

（二）色彩设计

色彩设计是品牌标识的关键要素之一。色彩的选择应该基于文化品牌的特性和目标用户的喜好，同时也要考虑到色彩在不同背景下的表现效果。在数字化背景下，文化品牌识别的色彩设计有以下几种设计趋势。

第一，文化品牌采用多种辅助色进行配色搭配，让色彩可以随着动态 LOGO 的变化而变化，以更好地展现文化品牌的多样性和活力。例如，采用动态响应式设计，根据用户的设备和屏幕大小，自动调整品牌色彩。动态响应式设计可以使文化品牌网站的色彩更加吸引人，也可以增强文化品牌的可识别性；也可以运用大数据技术，根据用户的浏览历史、购买记录等分析用户的兴趣、偏好和行为习惯，有针对性地为用户推送品牌色彩，吸引用户的注意力。

第二，数字化文化品牌通常使用饱和度较高、较为明快的颜色以吸引年轻的"数字原住民"和新兴用户。在数字化的环境中，品牌色彩是用户对品牌的第一印象，较为鲜亮的颜色更容易被用户注意和记忆，能够帮助文化品牌突出自身的特色和独特性。用户往往会面临大量的信息和广告，较明快的颜色可以帮助文化品牌在信息海洋中脱颖而出，增强文化品牌的辨识度。从用户使用的数字化设备的特征来看，数字化设备具有色彩饱和度高、亮度强等特点，较为鲜亮的颜色与数字化设备更匹配，能够让文化品牌在数字化环境中更具活力和生命力；从色彩心理学因素来看，较为鲜亮的颜色往往能够引起用户的情绪共鸣，让用户产生愉悦、积极的心理反应，进而增强文化品牌的亲和力。

第三，光影和渐变搭配。光影和渐变搭配之所以成为设计趋势，一方面是因为数字化技术的进步和普及，使得现代的文化品牌可以更加灵活地呈现色彩的变化及变化后的效果，这为采用渐变或光影变化的色彩设计提供了更多的便利和可能性；另一方面，渐变或光影变化的色彩设计可以营造出更加丰富生动的视觉效果，更容易引起用户的注意和共鸣，也更能体现文化品牌现代、前卫、创新的形象，符合文化品牌对于视觉效果的需求。此外，渐变或光影变化的色彩设计也可以在不同的场景下灵活应用。例如，可以根据不同的设备、分辨率和屏幕大小，调整渐变的角度、颜色、亮度等参数，以便让文化品牌在不同的平台和设备上呈现出较好的效果。由此可见，在数字化的文化品牌色彩设计中采用渐变或光影变化的色彩设计，不仅可以提高文化品牌的可识别性和美感，还可以让文化品牌更加适应多样化的应用场景和用户需求。

第四，注重色彩设计的文化适应性。由于数字媒介的传播具有全球性特点，因此文化品牌的色彩设计需要考虑不同文化群体的审美偏好和文化背景，在设计中加入具有文化特色的符号和元素可以帮助文化品牌更好地适应目标市场的文化背景，并在视觉上传递文化品牌的价值观和意义。了解目标用户的文化背景和视觉偏好非常重要，其可以帮助设计师确定适合他们的颜色和设计元素。例如，红色在中国象征着好运和幸福，但在西方文化中则可能与危险或负面情绪相关联。

（三）辅助图形设计

文化品牌的辅助图形是指在品牌标识之外，用来补充和加强品牌识别的其他图形元素。辅助图形可以为文化品牌添加独特的元素，扩展文化品牌的图形化表现，帮助文化品牌适应更多的场合与媒介，使得文化品牌更易于辨认和记忆的同时，文化品牌的个性化和吸引力得到增强，并更好地与竞争对手区分开来。在设计过程中，辅助图形的设计要简洁明了，要具有独特性和易于记忆的特点，要与文化品牌的主要形象和识别系统保持一致，以便用户能够轻松地与品牌联系起来。辅助图形的设计还应该考虑到文化品牌中呈现的文化元素，例如，传统建筑、民间艺术、传统节日等。其线条和色彩应该与文化品牌中的文化元素相一致，并具有一定的艺术性和美学价值。

在数字生态背景下，辅助图形的设计还应符合动态化、交互化等特征。运用适当的动画效果和交互手势能够为辅助图形增加动态感。例如，可以使用平移、缩放、旋转、淡入淡出等动画过渡效果；可以使用人机交互时手势的缩放、点击、悬停等效果，使图形元素在屏幕上有流动、变化的感觉，增加用户与辅助图形之间的互动性和情感连接。在数字化展示过程中，动画和交互设计比平面图形更能够吸引用户的注意力，提升用户体验，但同时需要注意不能过度使用，以免造成混乱或干扰。

响应式设计和创新技术在辅助图形设计中同样重要，可以为文化品牌的辅助图形设计带来更丰富的交互式和沉浸式体验。利用响应式设计原理，辅助图形可以根据不同屏幕尺寸和设备类型实现自适应布局。这意味着辅助图形可以在不同的终端上以较好方式呈现，确保在手机、平板电脑和桌面电脑等设备上都能提供一致的视觉体验。通过使用媒体查询和 CSS3 动画等技术，辅助图形可以在不同屏幕尺寸下展示不同的动画效果。例如，在大屏幕上，可以运用更复杂的动画效果，而在小屏幕上则采用更简单的动画效果，以适应不同设备的性能。通过使用虚拟现实（VR）技术，辅助图形可以提供逼真的 360 度全景图像，用户仿佛置身于一个虚拟的环境中。这种技术可以用于展示文化品牌的应用场景，带给用户沉浸式的感觉。虚拟现实（VR）技术还可以与辅助图形的设计相结合，创造出与用户互动的虚拟现实体验。用户戴上虚拟现实头显设备，可以与文化品牌的虚拟形象进行互动，参观虚拟展览、参与虚拟活动等，增强用户对文化品牌的参与感和认知度，也加深用户对文化元素的印象，更深刻地体会文化艺术的美感。

数字化、动态化的辅助图形设计要点包括动画效果、交互效果、响应式设计、创新技术的运用等，这些要点可以帮助设计师创造出生动、引人注目的辅助图形，提升文化品牌的品牌形象和用户体验。

（四）字体设计

文化品牌的字体设计要与保持与其品牌形象一致，同时，还要突出其文化特色。文化品牌在进行汉字的字体设计时，应当遵循汉字的笔画走向和间架结构，以简洁而独特的设计风格建立较强的视觉冲击力，使设计出的汉字字体具有良好的可读性和易记性，传递信息的同时让用户形成深刻的视觉记忆。在设计时，根据文化品牌的特点选择合适的字体，如宋体、楷体、隶书等传统文化字体，或现代风格的字体。如果是多字的设计，则需要考虑多个文字组合的整体性，以及不同的使用情境等因素，根据实际情况调整字体的字形、字重和字间距。将字体设计与图形设计结合，加入创新化的元素可以使品牌标识更加突出、个性化、美观。例如，一些充满艺术气息的字体在中国的文化品牌中运用较多，这些字体可以传递出文化品牌的优雅感与文艺风格。近年来，随着字体设计产业的专业化发展，越来越多的文化品牌选择与专业字体公司合作。为了确保字体设计在多平台的数字媒体中具备可扩展性和灵活性，以适应不同媒体和平台的需求，设计师在合作过程中还需要了解数字化字体设计进程和运用要点，对字体选择、字体格式和字体渲染等方面重点关注。

1. 字体选择

设计师需要选择具有良好可扩展性的字体，即在不同尺寸和格式的载体中，汉字仍然清晰可读。目前，在中国处于领先地位的几家字体设计公司都致力于设计具有可扩展性和可适应性的字体，如方正字库、造字工房、文鼎字库、华文字库等，这些企业拥有广泛的中文字体产品线，涵盖了多种字体风格和应用场景，能够提供大量不同类型的中文字体，包括书法字体、商业字体、科技字体等。经过多年的发展，这些字体设计公司对汉字数字化的发展与应用研究已形成了深厚的理论和实践基础，并广泛应用于印刷媒体和数字媒体领域，能为文化品牌提供更专业的字体定制服务。文化品牌可以考虑与这些专业公司合作，设计出符合自身品牌调性的中文字体。

2. 字体格式

文化品牌在选择字体时还应选择通用的字体格式，以确保其能在不同平台和设备上兼容。常见的字体格式包括 TrueType（.ttf）、OpenType（.otf）和 Web 字体（.woff 和 .woff2）等。对于特定的数字媒体平台，如移动应用或网页，可以使用相应的字体格式进行适配。TrueType 是一种字体格式，由 Apple 公司和 Microsoft 公司共同开发。它是一种可伸缩矢量字体格式，可以在不同尺寸和分辨率的设备上保持清晰度和可读性。TrueType 字体文件通常以 .ttf 为扩展名，可以在 Windows 和 Mac 操作系统上使用。OpenType 由 Microsoft 公司和 Adobe 公司联合开发，与 TrueType 类似，OpenType 也是一种可伸缩矢量字体格式，支持多种语言和广泛的排版功能。OpenType 字体文件的扩展名可以是 .ttf 或 .otf，具体取决于字体文件的内容和制作工具。Web 字体（Web font）是为在网页上显示而优化的字体格式，由于不同操作系统和浏览器对字体支持的差异，Web 字体可以确保在不同平台和设备上字体呈现的一致性。常见的 Web 字体格式包括 WOFF（Web Open Font Format）和 WOFF2（Web Open Font Format 2.0），它们经过压缩和优化，以提供更快的加载速度和更好的性能。Web 字体通常与 CSS（层叠样式表）一起使用，通过 @font-face 规则引用字体文件，网页能够加载并正确显示特定字体。Web 字体的使用使得网页设计师能够选择更多样化和具有个性的字体，增强了网页的视觉效果和品牌识别度。同时，通过字体子集化等技术，还可以减小字体文件的大小，提高网页的加载速度。

此外，这些字体格式还适应响应式设计原则，在不同屏幕尺寸和分辨率设备中，能较好地显示大小不同和排版样式不同的字体。设计师可以使用媒体查询来检测设备特性，根据设备的屏幕大小和分辨率选择合适的字体大小和样式，以确保在不同设备上都能为用户提供良好的阅读体验。

3. 字体渲染

设计师在设计品牌字体时还需考虑不同屏幕类型和渲染技术对字体的影响。在高分辨率屏幕上，使用反锯齿（Anti-aliasing）和子像素渲染（Subpixel Rendering）等技术，可以提高字体的清晰度和细节表现。同时，确保字体在低分辨率屏幕上仍然具备良好的可读性和清晰度。反锯齿和子像素渲染是在高分辨率屏幕上用于提高字体显示质量的常用技术。在低分辨率的屏幕上，字体轮廓的锯齿状边缘可能会导致字体显示不平滑和有锯齿感。为了减轻这种锯齿效果，反锯齿技术被应用于字体渲染中。它通过在字体轮廓边缘周围添加部分透明的像素，平滑字体轮廓的边缘，从而创建出更加平滑和清晰的字体显示效果，提高字体的可读性和视觉质量。子像素渲染在液晶屏幕等一些高分辨率屏幕上，可以利用每个像素由红、绿、蓝三个子像素组成的特点，对字体进行更精细的渲染。子像素渲染技术将每个像素分成更小的子像素单元，并针对每个子像素进行独立的颜色和亮度调整。通过利用子像素渲染技术，字体的清晰度和细节表现可以大大提高，使得字体在高分辨率屏幕上呈现出更加平滑和精细的效果。这些技术在高分辨率屏幕上的应用可以显著提升字体的显示质量，使得字体边缘更加平滑、清晰，细节更加精致，从而提升用户对字体的阅读体验，使字体在高分辨率显示设备上更加锐利、舒适和可读。

设计师在数字化的字体设计过程中，通过对上述方式的综合运用，可以确保字体设计具备可扩展性和灵活性，通过在不同的媒体和平台上进行测试和调整，可以确保字体在各种环境中的一致性和可用性，进而为用户提供优质的阅读体验。

三、品牌体验设计

品牌体验设计是文化品牌设计的关键环节之一。品牌体验是指用户通过与品牌接触所获得的感受和认知，它是实现品牌价值的关键环节。在进行品牌体验设计时，需要考虑用户的需求和期望，提供符合他们需求的产品和服务。品牌体验需要具有情感性、互动性和创新性，以便为用户带来深入的体验和记忆。在品牌体验的设计中，需要注重细节，提高用户体验的舒适度和便利性，加强品牌形象的塑造。

数字生态下的文化品牌体验设计包括声音设计、空间设计、包装设计、交互设计等多个方面。

（一）声音设计

声音设计是品牌设计中的重要组成部分，可以为文化品牌营造出独特的氛围和个性。数字生态下文化品牌的声音设计需要通过多种音频元素形成系统，以此来增强文化品牌的识别度和与用户的情感共鸣，通过声音塑造品牌形象。文化品牌的声音生态元素包括文化品牌主题曲、声音标识、广告音乐、语音交互等，设计出来的声音需要具备一致性、创新性、情感性、适配性和可识别性等特点。文化品牌的品牌声音应与文化品牌的视觉设计、品牌形象和品牌文化一致，形成文化品牌统一的品牌形象和用户印象。文化品牌的声音设计应该具有创新性和个性化特点，与众不同的声音设计能够吸引用户的关注，加深用户的品牌记忆。同时，创新的声音设计也能够表现文化品牌的时代感和未来感。文化品牌的声音应该具有情感性和人性化特点，通过音乐、语音和声音效果等元素来表达品牌的情感和态度。情感化的声音设计能够让用户感受到文化品牌的温暖和亲近感，提升用户的满意度和忠诚度。声音设计应该适应不同的数字场景，包括电视广告、社交媒体、语音助手等多个渠道。不同的场景需要不同的声音设计，不同的声音设计能够满足用户不同的需求和感受，提升文化品牌的曝光率和传播效果。文化品牌的声音应该具有明显的特征，能够让用户一听到就能够识别该品牌。例如，苹果公司的开机音乐和微软的启动声音都具有非常明显的特征，用户一听到这些声音就会自动联想到这些品牌。

随着全球化的发展和文化多元化的趋势，越来越多的品牌开始关注传统文化的保护和传承。在文化品牌设计中，声音设计可以通过音乐、自然音效、传统器乐等多种形式来表现品牌的文化特色和传统精神。音乐是传统文化品牌声音设计的一种重要形式。传统音乐不仅可以为品牌注入文化元素，还可以为品牌营造出特有的情感氛围。例如，在京剧品牌的设计中，传统京剧音乐的运用可以让用户更好地感受到品牌所传达的文化内涵和精神。自然音效也是传统文化品牌声音设计的一种重要形式。自然音效可以为品牌营造出具有地域特色的氛围和环境。例如，在中国传统茶文化品牌的设计中，茶园中鸟语花香的自然音效可以让用户更好地感受到品牌所代表的地域文化特色。此外，传统器乐也是传统文化品牌声音设计的一种重要形式。传统器乐不仅可以为品牌注入文化元素，还可以为品牌营造出特有的氛围。在中国传统文化品牌的设计中，古琴、二胡、古筝等传统器乐的运用也成为常见的设计手法。

不同的文化品牌业态有不同的声音运用方式。在以展览为表现形式的博物馆中，根据展品特点进行的声音设计会让观众感受到更沉浸式的文化体验。例如，故宫博物院在其展览中使用了声音设计。在展览中，游客可以通过耳机听到配合展品的音效，这些音效可以增强观众的沉浸感和体验感。此外，一些展品本身也会发出声音。例如，钟表展区的古董钟表会敲响报时，让观众更加感受到时光的流转。一些以实体产品为载体的文化品牌，也会在广告中运用声音设计。例如，茅台酒、杜康牡丹节纪念酒等，这些品牌在广告宣传中使用了中国传统乐器的声音，让用户从中感受到产品深厚的历史底蕴。

除了中国，世界各地的文化品牌也经常使用声音设计。例如，印度的电影和印度古典舞作为印度的文化名片，其中就运用了很多深入人心的传统音乐元素，如印度拉格（Raga）和塔拉（Tala）等，这些音乐元素不仅是舞蹈的伴奏，也是表达情感和传递文化的手段。阿尔卑斯山牧民的传统生活和文化中，牛铃声和号角声也都是非常重要的元素，这些元素也被充分运用在当地的文旅产品和品牌之中。这些声音不仅是群众生活的一部分，也被视为文化和传统的标志。

文化品牌的声音设计是品牌传播中的重要组成部分。合理的声音设计，可以为品牌注入文化内涵，营造出具有地域特色和传统精神的品牌形象。因此，在文化品牌设计中，声音设计的重要性不容忽视，需要在设计过程中给予充分的关注和考虑。

（二）空间设计

空间设计是一门艺术，它能够通过创造独特的环境，营造一种特定的氛围。文化品牌的空间设计需要体现文化的特点和魅力，同时又能够与现代化的商业氛围相结合，给人们带来一种独特的体验。文化品牌的空间设计包括文化品牌的店面、展示区和展会等，通过统一的文化品牌空间风格设计来传达文化品牌的特点和个性，文化品牌的品牌空间可以使文化品牌的品牌形象和风格在不同的销售渠道和场所中得到保持和强化，保持品牌形象的一致性和稳定性，从而提升用户的品牌体验。

空间设计不仅针对有实体产品的文化品牌，概念化的空间设计对无实体的文化品牌产品和服务同样有着重要的作用。概念化的品牌空间是指通过设计、布置、装饰等手段将文化品牌与物理空间结合起来，创造出具有独特品牌氛围和特色的场所。通过打造具有品牌特色的空间，可以让用户更容易地与文化品牌产生联系和共鸣，进而提高文化品牌的品牌认知度和品牌形象，让用户身临其境地感受到文化品牌的氛围和文化，从而增强品牌体验，提高客户忠诚度，帮助文化品牌打造独特的品牌差异化，提高市场竞争力。

在数字生态的背景下，越来越多的文化品牌通过 OMO 模式建立真实与虚拟空间联动的生态，通过数字化的实体空间来实现集便捷性、交互性、个性化为一体的虚实交融的用户体验。文化品牌的数字化实体空间主要包括数字化展厅、无人零售商店、数字化商店等形式。

数字化展厅：文化品牌创建联动线上和线下的数字化展厅，利用全息投影、VR 等技术，让用户在线上参观文化品牌的产品，体验文化品牌的服务和感受文化品牌的品牌文化。为了构建数字生态，文化品牌需要将线上展示的内容与线下店铺的体验结合起来。例如，为用户提供线上产品线下试穿或者试用的机会。同时，在数字化展厅中设置线上购买入口，方便用户进行购买。

无人零售店：文化品牌可以建立实体化的无人零售店，用户通过手机扫码购买商品。这种形式能够让购物体验更快捷，同时也降低了文化品牌的人力成本，并且比传统的品牌门店更环保。这种模式的优势同样体现在售后服务上，用户在无人零售店购买的商品可以在线下门店自助更换，或直接在线上进行退换货或者售后服务。

数字化商店：文化品牌以数字工具作为重要的经营手段，将在线商店和线下门店结合起来，进行门店的管理和维护。利用 AR、VR 等技术，用户可以在线上商店中浏览和购买商品，也可以通过实体的数字化商店享受在线查询商品信息、线上下单、可定制化购物、送货到家、社交媒体服务等交互式体验。数字化商店不仅能为用户提供更个性化的参与和购物体验，还能够提供出色的差异化内容和增值服务，以此增强用户体验并增加品牌忠诚度。对于文化品牌而言，数字化商店的优势还在于收集用户反馈。例如，人工智能技术可以通过分析用户行为进行社交创新，并且将成功经验推广至全球各地的销售网点，提高用户体验和忠诚度；传感器和物联网技术能够实时收集和分析用户的行为数据，例如，用户浏览商品的时间、停留时间和购买行为等，结合在线商店和物流系统数据进行数据分析，从而提供更好的个性化服务；社交媒体和用户生成内容能够与用户进行交流和互动，文化品牌将社交媒体和用户生成内容与在线商店和线下门店结合起来，通过用户在线上和线下商店的社交交互数据来收集意见和建议，以便能在未来提供更好的个性化服务和商品选择建议。

除了技术创新，文化品牌的数字化空间设计应该注重营造传统文化的氛围。这意味着设计师需要熟悉与品牌相吻合的文化，运用文化元素和符号来营造出独特的氛围。这些符号可以通过建筑材料、色彩和装饰品等元素进行转化，让人们感受到文化品牌的文化之美。例如，北京饭店作为一家历史悠久的品牌，其空间设计就非常具有中国传统文化的特色。餐厅内的挂画、桌椅、灯饰等设计都融入了传统的文化元素，使人感受到历史的厚重和文化的精髓。设计师还应该注重创新和现代化。传统文化不应该被视为一种过时的文化，它应该与现代化的商业氛围相结合，创造出一种新的文化体验。例如，运用现代化的材料、技术和手段，通过创新的整合设计来营造出既有传统文化特点，又具有现代感的空间环境。实用性和功能性也是空间设计的要点，文化品牌的空间作为一种商业空间类型，其设计不仅要考虑美观和文化氛围，还要注重实用性和功能性，满足商业运营的需求。设计师需要结合运营需求，灵活运用文化元素，创造出一个既美观又实用的空间环境。

数字生态下文化品牌的空间设计是一项具有挑战性和创造性的工作。设计师需要在传统文化与现代化商业氛围之间找到平衡点，通过创新，打造出一个既有传统文化魅力又具有商业价值的空间环境。只有这样，文化品牌才能够在现代商业领域中得到更好的发展和传承。

（三）交互设计

文化品牌设计中的交互设计通常是指将文化元素与现代平面设计技术相结合，创造出具有交互性和现代感的设计作品。这种设计方法可以使传统文化得以更好地传承和发扬，同时也可以满足现代用户对于品牌形象的需求。交互设计通常是指使用交互式媒介（如 AR、VR 等方式）来呈现品牌形象和文化元素，或通过互动化的包装装帧结构来与用户产生互动。这种设计方法可以通过视觉、听觉、触觉等多种方式与用户进行交互，增强品牌形象的认知度。通过交互设计建立数字生态的主要方式是构建完善的数字化平台，根据用户体验设计，构建包括网站、移动应用、社交媒体等多元化数字平台，并确保平台能够满足用户需求，并与品牌形象相一致。

基于 HTML5 和 CSS3 等技术的网站设计是体现较为充分的交互设计，这些网站可以通过动态的交互效果、图文结合等方式呈现文化品牌的品牌形象和文化元素，增强用户的体验感；还可以利用多媒体技术（如音频、视频等）增强用户使用网站时的沉浸化体验。通常来讲，好的动画效果和交互式设计可以增强品牌形象的视觉冲击力和吸引力，让用户更容易地接受和记忆文化品牌信息。福纳塞蒂（Fornasetti）是一家来自意大利的餐具品牌，其网站通过动态、交互设计的方式，展现了自身的品牌文化以及意大利文化的精神内涵。福纳塞蒂的产品以图案和图像的丝网印刷为特点，网站运用了这一元素来呈现产品，并且在视觉上运用了多媒体技术和动画元素加强品牌艺术感的传递。例如，在首页中，餐具呈现出旋转的效果，显示了不同的图案和图像，同时伴随着音乐的播放，为用户带来了视觉和听觉的双重体验；福纳塞蒂的官方网站在页面设计上非常注重用户的交互体验，在产品介绍页面中网站运用了悬浮效果，使用户可以通过鼠标控制产品的旋转和放大程度，使用户能够更好地了解产品的细节和特点。此外，网站的导航栏也采用了下拉式设计。重要的是，福纳塞蒂的官方网站充分体现了意大利文化的魅力。在"品牌故事"页面中，网站介绍了品牌创始人皮耶罗·福纳塞蒂（Piero Fornasetti）的生平和艺术创作，以及他对意大利文化的热爱和探索。网站还展示了品牌与意大利文化相关的元素，如文艺复兴时期的艺术和设计风格等。福纳塞蒂的网站通过动态、交互设计的方式，既体现了品牌的文化和设计理念，又传达了意大利文化的多元性和精神内涵，为用户提供了更为全面、深入的品牌体验。

除了网站，品牌 App 或小程序也是提升品牌认知度的有效数字化工具。对于文化品牌 App 来说，其用户主要分为两类：一类是对该文化品牌感兴趣的年轻人，另一类是对该类文化有深入研究的专业人士，由于用户群不同，因而在设计 App 的过程中要考虑不同用户的使用场景和使用习惯。交互设计是文化品牌 App 设计中的重要环节，通过动画、视频、手势响应等方式，用户可以更便捷流畅地使用 App。在内容呈现方式上，文化品牌 App 也有所创新和突破，如可以运用 3D 展示、虚拟现实（VR）等技术来丰富文化品牌的内容，以此来吸引更多年轻人的关注。用户反馈机制也是数字生态下品牌 App 的优势，该项机制也是 App 持续优化的重要手段。在文化品牌 App 中，收集用户反馈可以通过设计"祈福墙"等带有文化元素的页面，来增强品牌的文化属性。文化品牌 App 的交互设计需要体现出品牌的文化特色和个性，同时也要注重用户体验和便捷性。只有在这些方面做好了充分的准备，才能让用户更好地感受品牌文化的魅力，从而提升文化品牌的形象和价值。

虚拟现实（VR）和增强现实（AR）技术也在交互设计中有着较为广泛的应用，基于虚拟现实和增强现实技术的交互设计可以增强用户与品牌形象的互动，增强用户的参与感和情感共鸣。虚拟现实（VR）和增强现实（AR）技术往往会用于品牌的包装设计、宣传单页的设计上，以实现印刷媒介与数字媒介的融合，实现信息的多元化传播。日本的和菓子品牌在其宣传物料中运用了 AR 技术，向用户展示了和菓子的制作过程及其发展历史。通过扫描品牌宣传海报上的 AR 代码，用户可以在手机上观看和菓子制作的全过程，并了解日式点心的发展历史。这种创新的宣传方式吸引了很多年轻人的关注，并加深了他们对和菓子品牌的印象。同样的技术还运用于意大利的家具品牌纳图兹（Natuzzi），该品牌在其宣传画册上增加了 AR 代码，通过扫描这些代码，用户不仅可以了解纳图兹的产品设计和制作过程，甚至可以在手机上观看 3D 模型和虚拟现实效果，实现沉浸式体验。这种创新的宣传方式吸引了很多用户，提升了品牌在市场上的竞争力。运用 AR 技术制作宣传物料已经成为文化品牌的一种创新宣传方式。这种方式可以吸引更多年轻用户，加深他们对文化品牌的认识和印象，提升文化品牌在市场上的竞争力。

四、服务设计

文化品牌设计是企业发展中不可或缺的一环。通过科学的文化品牌设计，企业可以提高品牌的认知度、价值和影响力，从而赢得市场。在文化品牌设计中，品牌识别、品牌价值、品牌体验和品牌传播是四个重要的方面，需要综合考虑和实现。通过优秀的文化品牌设计，企业可以在市场竞争中脱颖而出，赢得更多的用户和市场份额。在数字生态下，文化品牌的服务设计不仅是一种技术创新和商业机遇，更是一种文化传承和发展的方式。生态化的服务设计能够帮助文化品牌实现数字化转型，提升品牌价值，增加用户黏性和忠诚度，拓展市场份额，推动文化向更广泛的用户传播和传承。

服务设计是在设计和开发服务时采用的一种方法。它将用户需求和体验放在服务设计的核心，旨在创建具有高质量用户体验的服务。作为一种跨学科、跨职能的方法，服务设计通过研究用户行为和需求，开发和设计可用和有价值的服务，服务设计关注服务的设计和提供过程，并通过客户参与来提高服务的质量。

服务设计的数字生态是指在数字化时代中，通过整合各种数字技术和资源，以提供完整、无缝、个性化的用户体验的服务生态。它包括了多个组成部分，包括数字平台、数字产品、数据、用户体验和业务模型等，这些组成部分共同协作，为用户提供各种服务。

（一）服务设计数字生态的运作过程

1. 用户体验设计

数字生态的设计始于对用户体验的深入理解。通过用户研究和用户体验设计方法，了解用户需求和期望，并通过用户旅程图等工具，设计出多渠道一体化的体验产品，满足用户的期望。在服务设计的数字生态中，用户体验设计是至关重要的一环。通过精心设计和优化用户体验，文化品牌可以提供令用户满意的服务，增强用户忠诚度并促进文化品牌的发展。文化品牌通过用户调研、用户访谈、用户行为分析等方法，深入了解用户的期望、痛点和使用场景，这样可以为设计团队提供有价值的用户洞察，为用户体验设计提供指导和依据。用户旅程是用户与文化品牌在整个服务过程中的交互路径和体验过程，通过绘制用户旅程地图，可以清晰地了解用户在每个阶段的需求和情感体验。文化品牌可以识别出关键的用户接触点和痛点，有针对性地设计和优化用户体验，确保用户在整个旅程中获得愉悦的体验。文化品牌的数字生态往往涉及多个渠道和平台。用户可能通过网站、移动应用、社交媒体等多种渠道接触品牌。在用户体验设计中，文化品牌应确保不同用户体验渠道之间的一致性和无缝衔接，确保用户无论在哪个渠道上接触该品牌都能获得一致的品牌价值和品牌体验。

2. 业务模型设计

在用户体验设计的基础上，还需要设计业务模型，业务模型包括价值主张、收益来源、渠道管理、关系管理等多个方面。业务模型需要与用户需求和用户体验一致，以实现可持续的商业运营。一个强大的业务模型能够支持文化品牌在数字生态中提供有价值的服务，并实现可持续的商业发展。

业务模型的设计应该明确文化品牌的价值主张，即文化品牌所提供的独特价值和解决方案。文化品牌应该确定自己在数字生态中的定位和差异化竞争优势，并通过业务模型来确保这一价值主张的传递和实现。价值主张应该与用户需求相匹配，并能够有效地满足用户的期望。业务模型设计需要考虑如何实现可持续的收益来源，文化品牌可以通过数据生态驱动的多元化的商业模式和服务模式，将用户数据转化为商业价值。文化品牌应该确定合适的渠道和分发策略，以便用户能够方便地获取和使用服务。这可能涉及建立自有的数字平台、与第三方平台合作、社交媒体推广等多种渠道和分发方式，合适的渠道和分发策略能够帮助文化品牌拓展用户群体，提高服务的可及性和可见度。在数字生态中，文化品牌需要与用户建立良好的关系，并进行有效的用户关系管理。这包括建立用户数据库、实施个性化营销、提供客户服务和支持等。通过了解用户需求和偏好，文化品牌可以与用户建立更紧密的联系，并提供符合用户期望的个性化服务。在合作伙伴的管理方面，文化品牌需要与技术提供商、内容提供商、物流供应商等建立紧密的合作伙伴关系，共同提供完善的服务。此外，文化品牌还需要合理配置自身的资源，包括人力资源、技术资源、资金资源等，以支持业务模型的实施和运营。

通过精心设计的业务模型，文化品牌可以在数字生态中实现可持续的商业发展，并为用户提供有价值的服务。业务模型的设计应该与文化品牌的价值主张、用户需求和市场趋势相匹配，同时考虑收益来源、渠道策略、用户关系管理和伙伴关系等要素，以支持文化品牌在数字生态中的成功运营。

3. 数字平台和数字产品

基于业务模型和用户体验设计，设计并构建数字平台和数字产品。数字平台是服务生态的核心，它通常是一个集多种数字技术和资源于一体的平台，例如，移动应用、网站、社交媒体、物联网设备等。数字产品是数字平台上的具体服务或功能模块，例如，在线支付、预约系统、用户个性化推荐等。数字平台和数字产品是文化品牌与用户之间互动和交流的核心载体，能够提供便捷、个性化、创新的服务。首先，文化品牌需要明确数字平台和数字产品的目标和需求，包括明确产品的定位、核心功能和特点，以及与业务模型和用户体验设计相匹配的目标。文化品牌了解了用户的需求和期望，并将其融入产品设计中，运用简洁、直观、一致的产品界面和交互设计方式，为用户提供流畅和愉悦的体验和个性化的服务。

技术架构和数据管理策略是文化品牌数字平台构建的核心，文化品牌应该选择适当的技术工具和平台以支持产品的功能和性能要求，同时关注数据的收集、存储、分析和保护，确保用户数据安全。有效的技术架构和数据管理能够支持产品的稳定运行和用户体验的持续优化。数字平台和数字产品的设计还应兼顾与其他平台和服务的集成，以构建更完整的数字生态。文化品牌可以与合作伙伴建立生态合作关系，共同提供更丰富的服务和功能。通过平台生态的构建，文化品牌能够扩大用户群体、增加用户参与度，并提供更多元化的价值。

通过设计和构建数字平台和数字产品，文化品牌能够提供优质的服务，满足用户的需求，并实现业务模型的可持续发展。在设计过程中，文化品牌应考虑用户体验、技术架构、敏捷开发、平台生态、数据驱动等方面，以确保数字平台和数字产品的成功上线和持续优化。

4.数据管理

数字生态依赖于大量的数据，包括用户数据、交互数据、业务数据等。数据管理包括数据收集、存储、处理和分析，以支持用户个性化服务、业务决策和持续优化。数据收集是指通过多种渠道和来源收集相关数据。在数字生态中，文化品牌可以通过各种方式收集数据，如用户注册信息、交互行为数据、社交媒体数据、传感器数据等。文化品牌应确保数据收集的合法性和合规性，并明确数据收集的目的和范围。数据存储涉及将收集到的数据安全地存储在适当的存储介质中，文化品牌可以选择使用云存储或本地存储等方式，根据数据量和安全性需求来确定存储方案。数据存储应考虑数据的结构化和非结构化存储，以便后续的数据处理和分析。数据处理是对收集到的原始数据进行清洗、转换和整理，以便后续分析和应用。其中包括数据清洗、数据整合、数据转换等过程。文化品牌需要使用适当的数据处理工具和技术，确保数据的准确性、完整性和一致性。数据分析是将处理后的数据进行探索和分析，以获取有关用户行为、偏好、趋势和模式的洞察。文化品牌可以使用各种数据分析方法和技术，如统计分析、机器学习、数据挖掘等，来发现数据的价值和意义。数据分析的结果可以帮助文化品牌优化用户体验、改进产品设计、做出业务决策等。基于数据的管理和分析，文化品牌可以提供个性化的服务和推荐。通过对用户数据的理解和分析，文化品牌可以根据用户的兴趣、偏好和行为，提供个性化的产品推荐、定制化的营销活动等。个性化服务和推荐能够提高用户满意度和忠诚度，推动业务的增长。数据管理需要关注数据的合规性和安全性，并结合适当的数据分析方法和工具，以提取有价值的洞察，并为数字生态的文化品牌的持续发展提供支持。

6.持续优化

数字生态需要不断地进行优化和改进，包括用户体验的持续优化、业务模型的调整、数字产品的更新等。通过数据驱动的决策、用户参与和社区建设，以及与伙伴的合作，文化品牌可以不断提升数字生态的竞争力和用户满意度，实现可持续发展。

（二）数字生态下文化品牌服务设计的现状与挑战

数字化对于文化品牌服务设计至关重要。数字生态下，文化品牌需要从多个方面考虑服务设计，包括数字化体验的创新、多渠道的服务、用户体验的优化、用户参与的鼓励、数据安全和隐私保护的加强，以及用户教育和培训的提供。通过充分发挥数字化服务设计的优势，文化品牌可以在数字生态中保持竞争力，提供具有创新性、个性化和良好用户体验的产品和服务，从而满足用户日益增长的数字化需求，推动文化的传承和发展。在数字生态背景下，服务设计主要涉及场馆机构类文化品牌的转型、传统文化知识的数字化传播、文化活动品牌的数字化体验、文化演出活动的数字化呈现等多个方面。

众多拥有丰富历史和文化内涵的场馆机构类文化品牌，如博物馆、图书馆、艺术机构、文化传承机构等，它们在数字生态背景下面临着一系列的挑战和机遇，包括数字化转型、用户体验、创新服务模式等。文化品牌需要适应数字化转型趋势，将实体文化资源数字化，并通过数字化渠道进行传播和推广。例如，博物馆可以将馆藏文物数字化，通过虚拟展览、在线展览和数字化文献等形式，让更多的用户在线参观和学习。然而，数字化转型并不是一蹴而就的过程，这些文化品牌需要面对数字化技术的复杂性、投资成本的考量、版权和文化保护等法律法规的限制等问题。

文化品牌中所涉及的传统文化知识的数字化传播也是一种重要方式，知识和信息可以以更加直观、互动的方式呈现给用户。例如，通过移动应用、社交媒体、在线学习平台等，文化品牌可以将传统文化的知识、故事、传说、习俗等内容以文字、图片、音频、视频等多媒体形式呈现给用户，丰富用户对传统文化的了解和认知。此外，还可以通过互动式的学习方式，如在线互动课堂、知识竞赛、文化体验活动等，让用户在参与中深入了解传统文化，提升用户的参与度和体验感。

文化活动品牌的数字化体验也是数字化服务设计的一种应用方式。文化活动包括传统节日、文化展览、民间艺术表演等，文化活动品牌的数字化体验可以通过数字化技术为用户提供在线参与和互动体验的机会。例如，通过虚拟现实（VR）技术，用户可以在家中体验传统文化活动，如参与虚拟的节日庆典、参观虚拟的文化展览、观看虚拟的艺术演出等。这种方式既能够满足用户对文化活动的参与需求，又能够克服地理、时间等限制，拓展文化的传播范围和参与人群。

文化演出的数字化呈现是数字化服务设计的另一种应用方式。通过数字化技术，文化演出如戏曲、舞蹈、音乐等可以通过线上直播、在线点播、虚拟现实演出等形式呈现给用户。例如，通过在线直播文化演出，用户可以打破时空限制，在家中欣赏高质量的文化演出，同时还可以与演出团队和其他观众互动，增强用户的参与感。此外，通过虚拟现实（VR）技术，用户可以在虚拟场景中欣赏文化演出，如身临其境地观看戏曲演出、参与传统舞蹈互动体验等，获得全新的文化体验。

数字化服务设计还可以在文化品牌的产品和服务设计上发挥重要作用。文化品牌可以借助数字化技术改善产品和服务的设计和交付方式，提升用户体验和满意度。例如，通过智能化技术，文化品牌可以提供个性化定制的产品和服务，满足用户的多样化需求。同时，数字化服务设计还可以将传统文化与现代科技融合，推出新型的文化产品和服务，如数字化展览、虚拟文化演出、在线文化体验等，创新文化产品和服务的形式，增加其吸引力和竞争力。

在服务设计"以人为本"的内核驱动下，用户体验依然是所有文化品牌数字生态构建的关键。在数字生态下，用户对于体验的要求越来越高，文化品牌需要提供与时俱进的、优质的用户体验，以吸引和留住用户。文化品牌需要考虑如何通过数字化技术和创新的服务设计，为用户提供便捷、个性化、参与性强的体验。例如，通过虚拟现实（VR）技术，博物馆可以实现虚拟展览和互动体验，让用户身临其境地参观博物馆；图书馆可以通过数字化图书馆系统，实现在线阅读、借阅和文献检索等功能，提供更加便捷的服务体验。

此外，文化品牌还面临着创新服务模式的挑战。首先，数字技术的发展速度较快，文化品牌需要不断跟进和适应新的技术趋势，不断提升数字化服务的创新性和竞争力。其次，数字化服务设计可能涉及文化保护、版权、隐私等法律和伦理问题，文化品牌需要遵循相关法律法规，保护传统文化的独特性和合法权益。此外，数字化服务设计还需要解决数字鸿沟、用户体验不佳等问题，确保文化品牌的数字化服务能够覆盖更广泛的用户群体，并提供优质的用户体验。在数字生态下，新兴的商业模式和服务模式层出不穷，但在创新服务模式的过程中，文化品牌需要克服内外部的各种限制和阻碍，包括组织架构的调整、文化传承的平衡、合作伙伴关系的建立等。

（三）数字生态下文化品牌的服务设计原则

第一，数字化资源的打造。文化品牌可以通过将馆藏文物、艺术作品、历史文献等资源数字化，创建数字化数据库或线上文化遗产库，为用户提供在线浏览、学习和研究的机会。资源数字化的方式可以通过数字化技术中的数字化扫描、3D建模、虚拟现实（VR）技术等来实现。同时，还可以通过建立数字化社交平台，促进用户之间的互动和合作，打造数字文化社区，形成用户黏性。

第二，融合线上线下的体验。文化品牌可以通过线上线下的有机融合，提供丰富多样的体验。在我国，一些传统手工艺品品牌就是通过这样的方式来展示和销售其产品。这类品牌将线下购物的体验感与线上购物的便利性相结合，用户可以通过互联网学习传统手工艺品制作的技艺，亲自动手制作手工艺品，体验传统文化的乐趣，并通过社交媒体、短视频、直播等方式，推广传统文化知识和传播品牌文化。

第三，个性化定制的服务。文化品牌可以通过大数据技术，提供个性化定制的服务，满足用户的不同需求。博物馆可以通过智能导览系统，根据用户的兴趣和偏好，推荐个性化的展览路线和解说内容；图书馆可以通过数字化图书推荐系统，根据读者的阅读历史和兴趣爱好，推荐个性化的阅读书单和推荐书目。以中国国家图书馆为例，国家图书馆积极推进数字化服务，满足用户的个性化需求。首先，国家图书馆推出了数字化图书馆，用户可以通过互联网在线阅读图书、期刊、报纸等数字化资源。同时，国家图书馆还通过数字化图书推荐系统，根据用户的阅读历史和兴趣爱好，推荐个性化的阅读书单和书目，提高了用户的阅读体验。其次，国家图书馆还推出了数字化图书馆 App，用户可以通过手机随时随地访问图书馆的数字化资源，方便用户的阅读和查询。

第四，创新的互动体验，社会化的合作与共享。文化品牌可以通过创新的互动体验，吸引用户的参与，并通过社会化的合作与共享，促进用户之间的合作和共享。例如，一些传统音乐舞蹈团队通过线上平台展示和演出传统音乐舞蹈节目，用户可以通过互联网观看和欣赏舞蹈演出，丰富自身的文化体验。

第五，数据驱动的优化与改进。文化品牌可以通过数据分析和用户反馈，对服务进行持续优化和改进。通过分析用户的行为数据和反馈意见，了解用户的需求和痛点，并及时做出调整和改进，提高用户满意度和服务质量。

（四）数字生态下文化品牌服务设计的技术环境

数字生态下文化品牌的服务设计应包括数字化体验的创新、多渠道的服务交付、用户体验的优化、用户参与的鼓励、数据安全和隐私保护的加强，以及用户教育和培训的提供。

首先，文化品牌需要在数字生态下进行数字化体验的创新。文化品牌可以借助数字化技术，创新产品和服务的设计，提供更加丰富、多样化、互动性强的数字化体验。例如，可以通过虚拟现实（VR）、增强现实（AR）、互联网直播等技术，打破时间和空间的限制，让用户在虚拟世界中获得身临其境的文化体验，如虚拟博物馆、数字化文化展览等。同时，文化品牌还可以通过数字化技术，将传统文化与现代生活相结合，推出新型的数字化文化产品，如数字化文化衍生品、数字化文化活动等，满足用户对创新、个性化文化产品的需求。

其次，文化品牌需要实现多渠道的服务交付。数字生态下，用户通过多种渠道接触和使用文化产品和服务，如移动应用、社交媒体、电商平台等。文化品牌需要在不同的数字化渠道中提供一致的服务体验，确保用户在不同渠道中都能获得相同的品质和服务。此外，文化品牌还可以通过多渠道的服务交付，将传统文化融入用户的日常生活中，提高用户对于文化的接触和体验次数。例如，可以通过社交媒体平台定期推送文化知识、文化活动等，提升用户的参与积极性。

再次，文化品牌需要鼓励用户的参与和互动。数字生态下，用户更加注重参与和互动，期望能够与文化品牌进行更加深入的交流。文化品牌可以通过数字化服务设计，鼓励用户的参与和互动，例如，通过用户生成内容、社交互动、在线活动等方式，让用户成为文化品牌的参与者和创造者，从而增强用户对文化品牌的认知、情感和忠诚度。

最后，数字生态下文化品牌需要加强数据安全和隐私保护。在数字化服务设计中，数据安全和隐私保护是用户关注的重要问题。文化品牌需要采取有效的措施，保护用户的个人信息和数字资产安全，防范数据泄露和滥用的风险，增强用户对品牌的信任和依赖。

通过充分发挥数字化服务设计的优势，文化品牌可以满足用户日益增长的数字化需求，提供具有创新性、个性化和良好用户体验的产品和服务，推动文化的传承和发展，实现数字化时代文化品牌的持续发展。

五、新媒体艺术

　　新媒体艺术是指通过数字技术、计算机技术和互联网等现代科技手段来创作和表达艺术作品的领域，它将艺术与技术结合起来，以创造出与传统艺术形式截然不同的作品。新媒体艺术的目标是探索科技与艺术的关系，反映当代社会和文化的现实问题，挑战传统的审美观念和表现手法，展现多元化、多样性的创意思维。"新媒体艺术"一词涵盖了广泛的艺术实践和方法，可以包括但不限于数字绘画和雕塑、生成艺术、视频装置、虚拟现实体验、基于互联网的项目等。新媒体艺术的跨学科性质能够促成艺术家、程序员、设计师和科学家之间更多元化的合作，扩展艺术表达和技术创新的边界。新媒体艺术虽然是一个新的产业，但却包括了许多专业细分领域。例如，数字艺术、计算机图形学、计算机动画、虚拟艺术、网络艺术、互动艺术、视频游戏、计算机机器人、3D 打印和生物艺术等。新媒体艺术的特点是注重用户的视觉和听觉感受，利用光、声音、空间等元素制造出沉浸式的艺术体验，让观众参与到作品中，感受时间和空间的变化。

　　随着技术的不断进步，新媒体艺术为艺术家提供了新的创作可能性，促使观众以更加新颖的方式参与艺术，它较吸引人的特征之一就是其互动性和参与性。观众可以通过触摸、移动或其他方式与艺术品互动，在互动中完成作品的创作。这种交互过程也是新媒体艺术作品的重要组成部分。而作为新媒体艺术家，也时常将模糊观众与艺术品本身之间的边界作为创作目标，这种做法也是对传统艺术创作手法的突破与创新，反映了技术的快速进步及其对当代社会的影响。

新媒体艺术在文化品牌中的数字生态构建具有重要意义，其可以为文化品牌带来创新和与时俱进的形象。文化品牌可以利用新媒体艺术的特点，通过虚拟现实（VR）、增强现实（AR）、交互装置等技术手段，为用户提供沉浸式、互动性强的艺术体验。这种创新的艺术形式可以吸引更多的用户，提升品牌的知名度和吸引力。新媒体艺术可以成为品牌价值观和文化内涵的传播媒介，通过数字媒体与艺术创作相结合，文化品牌可以以更直观、更具创新性的方式展示自己的品牌理念、核心价值和文化内涵。这样的传播方式能够增加文化品牌与用户之间的共鸣和情感连接，加强文化品牌的形象塑造和传播。文化品牌可以与艺术家和创意团队合作，共同探索新媒体艺术的创作和表现形式。通过与具有创新思维和艺术背景的艺术家合作，文化品牌可以获得独特的艺术作品和创意概念，进一步巩固文化品牌的创新形象和艺术属性。新媒体艺术的数字生态构建可以为文化品牌活动和推广提供丰富的创意和表现方式。文化品牌可以通过组织艺术展览、数字艺术演出等活动，与用户互动，提升文化品牌的活跃度和品牌认知度。此外，通过社交媒体、在线平台等数字渠道的传播，文化品牌可以将新媒体艺术作品推广给更广泛的用户，扩大文化品牌的影响力。文化品牌可以积极参与建立和发展数字艺术社区，通过建立在线平台、社交媒体群组等形式，文化品牌可以与艺术家、创意者和艺术爱好者互动，促进艺术创作和作品分享。这样的社区能够成为文化品牌与目标用户之间的交流和合作平台，增加文化品牌的社会影响力和社会认可度。

新媒体艺术在文化品牌的生态构建过程中，通过创造独特的艺术体验、推广品牌价值观和文化内涵、与艺术家合作、丰富品牌活动和推广渠道，以及建立数字艺术社区等方式，拓展了文化品牌创新的表达方式，能够吸引更年轻化的人群，引发广泛的数字化内容传播与文化推广。

第八章　数字生态的评估和优化

一、文化品牌数字生态的评估

文化品牌数字生态评估主要包括媒介、用户、内容和技术四个方面。在进行评估时，可以结合以下指标进行定量和定性的分析。定量数据可以通过渠道分析工具和数据分析平台进行数据收集和统计，定性数据可以通过用户调研、用户反馈和用户行为观察等方式获得。

（一）媒介评估

媒介评估主要从以下几个方面入手：覆盖面、用户黏性、用户体验、交互效果、营收贡献等（表8-1）。

表8-1　媒介评估

指　标	描　　述	细化指标	具体内容
覆盖面	覆盖面评估指标衡量了渠道在目标用户中的普及程度和影响力	用户规模	评估渠道的用户数量，包括注册用户、活跃用户、新增用户等指标
		用户分布	分析渠道用户的地理位置、年龄、性别等关键特征，以确定目标用户的覆盖情况
		渠道影响力	考虑渠道的社交影响力、行业地位以及用户参与程度，如粉丝数量、关注度、用户参与度等

指　标	描　述	细化指标	具体内容
用户黏性	用户黏性评估指标用于衡量渠道对用户的吸引力和留存能力	活跃度	评估用户在渠道上的活跃程度，如日活跃用户数、月活跃用户数等
		黏性指标	考虑用户在渠道上的停留时间、页面浏览量、回访频率等，评估用户对渠道的黏性和忠诚度
		流失率	分析用户的流失率，即在一段时间内放弃使用渠道的用户比例，以评估渠道的用户留存能力
用户体验	用户体验评估指标用于评估渠道提供的用户体验质量	界面设计	评估渠道的界面设计、布局、可用性和响应速度，以确保用户友好的界面体验
		内容质量	分析渠道上的内容质量，包括文章、视频、音频等，以确保内容的信息价值和吸引力
		互动性	考虑渠道的互动功能和用户参与度，如评论、分享、点赞等，以提升用户参与感和互动体验
交互效果	交互效果评估指标用于评估渠道的用户互动效果和社交影响力	互动指标	分析用户之间的互动程度，如评论数量、转发数量、分享数量等，以评估用户的互动效果和渠道的社交活跃度
		引导转化	评估渠道对用户的引导转化能力，如点击率、转化率、注册率等，以了解渠道的营销效果和转化潜力
营收贡献	营收贡献评估指标用于评估渠道对文化品牌营收的贡献	广告收入	评估渠道上的广告收入，包括广告点击量、广告展示量、广告转化率等
		销售转化	分析渠道的销售转化率，即通过渠道实现的销售量，以评估渠道对文化品牌销售业绩的贡献

　　通过综合分析和比较不同渠道的评估结果，可以为文化品牌数字生态的渠道策略优化提供依据和指导。渠道评估主要涉及覆盖面、用户黏性、用户体验、交互效果和营收贡献等方面，这些评估指标和方法可以

帮助文化品牌了解渠道的效果和潜力。

（二）内容评估

内容评估帮助文化品牌了解内容的创新度、质量、生命周期和分发效果。下面将详细介绍每个方面的评估指标和方法（表8-2）。

表8-2　内容评估

指　标	描　述	细化指标	具体内容
内容创新度	内容创新度评估指标用于衡量文化品牌在数字生态中提供的内容的创新程度	独特性	评估内容的独特性和与众不同之处，以区分文化品牌与竞争对手之间的差异
		创新思维	考虑内容是否具有创新思维，是否能够引领行业趋势或带来新的观点和见解
		原创性	评估内容的原创性和独家性，即内容是否由文化品牌自主创作或独家获得
内容质量	内容质量评估指标用于评估文化品牌的数字生态中的内容的质量水平	信息价值	评估内容的信息丰富度、实用性和专业性，以提供有价值的知识和信息给用户
		观点清晰	考虑内容的观点是否清晰明确，是否能够向用户传达清晰的信息和观点
		内容表达	评估内容的表达能力，包括语法正确性、文笔流畅性和吸引力，以及图片、视频等内容的观赏性、叙事性等
内容生命周期	内容生命周期评估指标用于评估文化品牌的数字生态中内容的持续性和发展潜力	内容更新频率	评估内容的更新频率，以确保文化品牌能够持续提供新鲜和有趣的内容给用户
		长尾价值	考虑内容的长尾价值，即内容在一段时间内的持续流量和用户吸引力
		内容再利用率	评估内容的再利用和再包装能力，以实现内容的利用价值

指 标	描 述	细化指标	具体内容
内容分发效果	内容分发效果评估指标用于评估文化品牌的数字生态中内容的传播效果和影响力	可见度	评估内容的可见度和曝光度，包括搜索引擎排名、社交媒体分享、转发量等
		用户互动	考虑用户对内容的互动程度，如评论、分享、点赞等，以评估内容的用户参与度和社交影响力
		转化效果	评估内容对用户行为的影响，如点击率、转化率、销售量等，以衡量内容的转化效果和商业价值

　　通过综合分析和比较不同内容的评估结果，文化品牌可以了解内容的效果和潜力，从而优化内容策略，提升文化品牌的数字传播效果和用户参与度。内容评估主要涉及内容创新度、内容质量、内容生命周期和内容分发效果等方面。这些评估指标和方法可以帮助文化品牌了解内容的质量、创新性、持续性和传播效果，为文化品牌的数字生态提供优化和改进的依据。

（三）用户评估

　　用户是文化品牌数字生态的受益者，用户评估帮助文化品牌了解用户的数量、需求、忠诚度和满意度，即用户数量、用户需求、用户忠诚度、用户满意度四个方面（表8-3）。

表 8-3　用户评估

指　标	描　述	细化指标	具体内容
用户数量	用户数量评估指标用于评估文化品牌数字生态中的用户规模和增长趋势	注册用户数	评估文化品牌系统中的注册用户数量，以了解文化品牌吸引和留存用户的能力
		活跃用户数	评估文化品牌系统中的活跃用户数量，即在一定时间内有实际使用行为的用户数量
		新增用户数	评估文化品牌系统中的新增用户数量，以了解文化品牌吸引新用户的效果
用户需求	用户需求评估指标用于评估用户在数字生态中的需求和偏好	用户调研	通过问卷调查、深入访谈等方式，了解用户对于文化品牌内容、产品或服务的需求和期望
		数据分析	分析用户行为数据、搜索数据、社交媒体数据等，了解用户的兴趣、偏好和需求
用户忠诚度	用户忠诚度评估指标用于评估用户对文化品牌的忠诚程度和文化品牌的用户留存能力	用户留存率	评估在一定时间内继续使用文化品牌系统的用户比例，以了解用户的留存能力
		重复购买率	评估用户的重复购买行为，以衡量用户对文化品牌的产品或服务的忠诚度
		用户推荐度	通过用户口碑、社交分享、推荐行为等评估用户对文化品牌的推荐意愿，以了解用户的忠诚度
用户满意度	用户满意度评估指标用于评估用户对文化品牌提供的内容、产品或服务的满意程度	用户调研	通过调查问卷、用户反馈、用户评价等方式，收集用户对文化品牌的满意度反馈
		用户体验评估	评估用户在文化品牌系统中的用户体验，包括界面设计、交互流程、响应速度等方面
		用户评价和口碑	考虑用户在社交媒体、评价网站等平台上对文化品牌的评价和口碑，以了解用户的满意度

通过综合分析和比较不同用户的评估结果，文化品牌可以了解用户的数量、需求、忠诚度和满意度，从而优化文化品牌的数字生态，提升

用户体验和用户价值。用户评估主要涉及用户数量、用户需求、用户忠诚度和用户满意度等方面。这些评估指标和方法可以帮助文化品牌了解用户规模、需求、忠诚度和满意度，为文化品牌的数字生态提供优化和改进的依据。

（四）技术评估

技术是文化品牌数字生态的基础，技术评估主要从以下几个方面入手：技术可靠性、技术成熟度、技术更新速度、技术安全性等（表8-4）。

表8-4　技术评估

指　标	描　述	细化指标	具体内容
技术可靠性	技术可靠性评估指标用于评估文化品牌数字生态中的技术系统和基础设施的稳定性和可靠性	系统可用性	评估系统的可用性和稳定性，即系统是否能够持续正常运行，避免系统故障和中断
		故障恢复时间	评估系统故障发生后的恢复时间，即系统从故障中恢复正常运行所需的时间
		容错性和冗余性	评估系统的容错能力和冗余设计，以确保系统在发生故障时能够继续提供服务
技术成熟度	技术成熟度评估指标用于评估文化品牌数字生态中所采用的技术的成熟程度和稳定性	技术标准和行业实践	评估文化品牌所采用的技术是否符合行业标准，以保证技术的成熟性和稳定性
		历史记录和成功案例	考虑文化品牌过去的技术实施和应用案例，评估技术在实践中的可行性和效果
技术更新速度	技术更新速度评估指标用于评估文化品牌数字生态中技术的更新和创新速度	技术跟进能力	评估文化品牌对新技术的关注和采纳能力，以保持与行业技术发展的同步
		技术合作和创新	评估文化品牌与科技公司、创新机构等的合作程度，以获取新的技术创新和应用

指　标	描　述	细化指标	具体内容
技术安全性	技术安全性评估指标用于评估文化 品牌数字生态中的技术系统和数据的安全性	数据保护和隐私	评估文化品牌对用户数据和隐私的保护措施和政策，以确保用户数据的安全和隐私权的保护
		安全漏洞和风险管理	评估文化品牌对技术系统中潜在安全漏洞和风险的识别、管理和应对能力

通过综合分析和比较不同技术的评估结果，文化品牌可以了解技术的可靠性、成熟度、更新速度和安全性，从而优化技术架构和方案，提升文化品牌的数字生态的可靠性和安全性，这些指标能够为文化品牌的数字生态提供优化和改进的依据，从而增强文化品牌的技术实力和用户信任度。

二、文化品牌数字生态的优化

根据文化品牌数字生态的评估结果，可以通过优化渠道、内容、技术等，协助数字生态中的数字价值链与数字环境的发展。

（一）渠道优化

在渠道评估的基础上，可以采取以下措施进行渠道优化：增加渠道覆盖面、提升用户黏性、优化用户体验、加强交互效果、提高营收贡献等。运用多渠道发布的方式，将文化品牌的内容、产品或服务通过多个渠道发布，以扩大文化品牌的触达范围。加强与相关行业的渠道合作，通过合作，拓展文化品牌的覆盖面。通过个性化推荐和数据分析对用户行为进行追踪，提供个性化的推荐内容、产品或服务，增加用户的黏性和忠诚度。建立社交互动机制，鼓励用户评论、点赞、分享等行为，促进用户之间的交流和互动，提升用户黏性。优化用户体验，例如，对文化品牌系统的界面设计和导航结构重新梳理和改进，使用户能够快速找到所需内容或功能。提高网站或应用程序的响应速度和加载时间，增加多媒体内容，如图像、视频、音频等，丰富用户的交互体验。增加互动功能，如在线投票、问卷调查、即时聊天等，促进用户与文化品牌的互动。定期收集用户反馈和进行用户调研，了解用户的需求，以优化用户体验。拓宽文化品牌的商业渠道，为品牌系统添加电子商务功能，如在线购物、支付功能等，以提升营收贡献。通过品牌系统内的广告投放、促销活动等方式，增加文化品牌的营收来源。

除了以上具体策略，文化品牌还需要结合渠道评估中提到的覆盖面、用户黏性、用户体验、交互效果和营收贡献等指标进行定期监测和分析，不断优化和改进渠道策略，以提升文化品牌的数字生态的效果和用户体验，进一步增强文化品牌的影响力和竞争力。

（二）内容优化

在内容评估的基础上，可以采取提高内容创新度、提升内容质量、延长内容生命周期、加强内容分发效果等措施优化内容。通过进行市场调研和趋势分析，了解目标用户的需求和行业的发展趋势，从而为内容创新提供方向。组建专业的创意团队，与相关行业的合作伙伴合作，共同进行创意和创新的内容开发，确保内容的质量和准确性。建立内容审核和质量控制流程，确保内容符合文化品牌标准和用户期望。将优质内容与不同的平台和媒体适配，延长内容的生命周期。同时将过去的优质内容重新包装、更新和再利用，以延长其价值和影响力。为了加强内容分发效果，文化品牌可以通过优化关键词、标题、元描述等，提升内容在搜索引擎中的排名，增加内容的曝光和点击率。利用社交媒体平台进行内容营销，包括发布有吸引力的内容、与用户互动、引导用户分享和转发内容等，增加内容的传播效果。文化品牌还应定期收集用户反馈、分析数据和评估内容的影响力，不断优化和改进内容策略，以提供更有价值和吸引力的内容，增强文化品牌的影响力和用户参与度。

通过提高内容创新度、提升内容质量、延长内容生命周期和加强内容分发效果等具体措施，文化品牌可以优化其数字生态中的内容，提升用户体验和品牌价值，进一步增强文化品牌的竞争力和市场地位。

（三）用户优化

在用户评估的基础上，可以采取以下措施进行优化：扩大用户数量、满足用户需求、提高用户忠诚度、提升用户满意度等。文化品牌应明确定位目标用户，了解他们的特点和需求，制定针对性的营销策略，以吸引更多潜在用户。定期进行用户调研，收集用户反馈和需求，深入了解用户的期望和偏好，根据结果进行产品或服务的改进和优化。提供个性化的产品或服务，根据用户的喜好、行为和偏好进行内容定制，满足用户的个性化需求。通过建立专业的用户服务团队，提供高质量的服务，积极回应用户的问题和反馈，与用户建立良好的关系。还可以通过设立会员计划，为会员用户提供特权和奖励，提高用户的忠诚度和参与度。在用户优化方面，体验设计也同样重要，提升用户的整体体验，使其感到方便、舒适和愉悦。快速回应用户的问题和投诉，提供有效的解决方案，提高用户的满意度。

文化品牌可以结合用户评估中提到的用户数量、用户需求、用户忠诚度和用户满意度等指标进行定期监测和分析。通过数据分析、用户调研和市场趋势预测等，不断优化和改进用户策略，提升用户参与度和文化品牌忠诚度，进一步增强文化品牌的竞争力和市场地位。

（四）技术优化

在技术评估的基础上，可以采取以下措施进行技术优化：提高技术可靠性、不断升级技术成熟度、加快技术更新速度、加强技术安全性等。建立完善的质量控制流程，包括代码审查、单元测试、集成测试等，确保软件和系统的质量和稳定性。采用弹性和容错设计原则，确保系统能够在负载高峰时保持可靠运行，减少服务中断问题的发生。建立技术团队的学习和培训机制，紧跟行业技术趋势，不断提升团队成员的技术能力和知识储备。与行业内的技术专家、机构或企业进行合作和交流，借鉴其实践经验，提升技术成熟度。采用敏捷开发方法和迭代式开发模式，加快产品和技术的更新速度，快速响应市场需求和用户反馈。建立持续集成和交付流程，自动化测试和部署，减少交付时间，加快产品更新和修复的速度。加强技术安全性，定期进行安全评估和漏洞扫描，发现和修复潜在的安全漏洞，保障系统和用户数据的安全性。采用安全的数据传输协议和加密算法，实施强化的身份验证机制，防止未经授权的访问和数据泄露。

结合技术评估中提到的技术可靠性、技术成熟度、技术更新速度和技术安全性等指标，文化品牌可以进行定期监测和分析技术指标。通过技术指标的跟踪、漏洞修复、技术培训和安全评估等措施，不断优化和改进技术策略，提升系统的性能、安全性和稳定性，进一步增强文化品牌的竞争力和用户信任。通过提高技术可靠性、不断升级技术成熟度、加快技术更新速度和加强技术安全性等具体措施，文化品牌可以优化其数字生态中的技术基础，提供更可靠、先进和安全的产品和服务。

（五）数据优化

在文化品牌数字生态中，数据是一项重要的资产，数据的优化可以为文化品牌带来巨大的价值和竞争优势。数据优化主要涉及数据收集、数据分析和数据应用等方面。通过各种渠道收集用户行为数据，包括网站、移动应用、社交媒体等，可以了解用户的互动和行为习惯。通过市场调研、用户调研等方式收集用户需求和反馈数据，可以深入了解目标用户和市场趋势。通过与第三方数据提供商合作，获取相关的市场和行业数据，为文化品牌的品牌决策提供更全面的参考依据。要对收集到的数据清洗、去重和整合，确保数据的准确性和一致性，为后续的分析工作打下基础。利用数据可视化工具和技术，要对数据进行探索和分析，以发现数据中的潜在模式、趋势和关联关系。通过对用户行为数据的分析，了解用户的喜好、偏好和购买行为，为文化品牌优化产品、服务和营销策略提供指导。基于用户行为数据和偏好，实施个性化的营销和推荐策略，为用户提供定制化的内容、产品和服务。利用数据分析和挖掘技术，为文化品牌的决策制定提供支持，预测市场趋势、用户需求和竞争动态。通过数据分析，了解用户在文化品牌数字生态中的体验痛点和文化品牌的改进方向，优化用户界面、交互流程和功能设计。此外，为了确保数据的安全和隐私保护，文化品牌需要遵守相关法规和政策，采取措施保护用户数据的安全性和机密性。建立安全的数据存储和传输机制，进行数据加密和访问控制，以及制定明确的数据使用和共享政策。

数据优化在文化品牌数字生态中至关重要。通过数据收集、数据分析和数据应用等措施，文化品牌可以深入了解用户需求、优化产品和服务，提升用户体验，制定更精准的营销策略，并基于数据驱动的决策，增强文化品牌的竞争力和市场地位。

（六）效率优化

效率是文化品牌数字生态优化的重要目标之一，通过对业务流程、组织结构和人员素质等方面的优化，可以提高工作效率、降低成本、加快决策和响应速度，从而增强文化品牌的竞争力和创新能力。效率优化的首要步骤就是对业务流程进行优化，对文化品牌的各个业务流程进行全面识别和分析，确定瓶颈、冗余和低效环节。通过重新设计和优化流程，消除冗余环节，简化审批流程，提高工作效率和响应速度。采用自动化工具和技术，将重复性、烦琐的任务自动化，提高工作效率和准确性。和效率优化同样重要的是组织结构优化，文化品牌需要明确每个岗位的角色和职责，减少重复劳动和沟通成本，提高团队的协作效率。引入协同工具和平台，促进团队成员之间的合作和信息共享，提高工作效率和协同效能。简化组织结构，减少层级，加强信息流通和决策的快速执行。在此基础上，人员素质优化也是必要环节，要为员工提供持续的培训和发展机会，提高其专业知识和技能水平，适应快速变化的数字化环境。建立激励和奖励机制，激发员工的积极性和创造力，提高员工工作效率和工作质量。加强团队协作和沟通能力，促进信息的畅通和共享，提高团队工作的效率和准确性。还可以借助数字生态中的技术工具和平台来支持效率优化，如项目管理工具、团队协作平台、数字化办公工具等，提供协同工作、任务管理和信息共享等功能，提高工作效率和协同效能。数字化系统能促进对文化品牌的定期评估和监控，以确保优化措施的有效性和持续改进，同时也便于员工参与和反馈，通过员工的意见和建议来发现潜在的问题和改进方向。

通过业务流程优化、组织结构优化和人员素质优化等具体措施，文化品牌可以提高工作效率、降低成本、加快决策和响应速度，增强品牌的竞争力和创新能力。

（七）创新优化

创新是文化品牌数字生态的核心驱动力，通过技术创新、业务模式创新和内容创新等方面的优化，文化品牌可以不断引领市场、满足用户需求，并保持竞争优势。文化品牌需要进行大量技术创新，不断投入资源进行技术研发，探索并引入新的技术趋势，以提升文化品牌的数字化能力。探索新的技术应用场景，结合文化品牌特点，将先进的技术应用于产品、服务和用户体验的改进，创造出全新的用户价值。与技术合作伙伴合作，进行技术交流与共享，共同推动技术创新，加速产品迭代和升级。在业务创新方面，多利用数字技术和互联网平台，探索新的业务模式以满足用户需求和创造新的商业机会。引入用户参与和反馈，与用户共同创造和完善产品和服务，通过用户洞察来驱动业务模式的创新。不断了解用户需求和市场趋势，拓展文化品牌在新的市场领域的影响力，创造更多的商业机会。内容创新方面，文化品牌需要提供多样化的内容形式以满足用户多样化的消费需求和体验。探索新的内容主题和故事线，突破传统创作的边界，创造独特和有吸引力的内容，以吸引和保持用户的注意力。鼓励用户生成内容，通过用户生成内容的形式，与用户建立更深入的联系，提高用户黏性和忠诚度。在推动创新的过程中，文化品牌需要建立创新文化和创新机制，鼓励员工的创新思维和实践，并提供资源和支持来推动创新项目的落地。定期的市场研究和用户洞察也是创新的重要基础，文化品牌应该紧密关注市场动态和用户需求，及时调整和优化创新方向与策略。通过技术创新、业务模式创新和内容创新等方面的优化，文化品牌可以持续引领市场、满足用户需求，并保持竞争优势。创新是文化品牌数字生态的核心驱动力，是实现文化品牌长期发展的关键。

　　文化品牌数字生态的评估与优化是数字化时代文化产业发展的重要组成部分。评估方面主要包括渠道、内容、用户和技术等；优化方面主要包括渠道、内容、用户、技术、数据、效率和创新等。通过不断的评估和优化，可以提高数字生态的服务质量和用户体验，拓展数字生态的发展空间，推动文化产业的数字化转型和升级。

第九章　文化品牌设计与传播的数字化未来

文化品牌数字生态是一个完整的数字化生态，由各种数字化平台、渠道、内容、用户等组成。在这样的生态中，文化品牌可以通过数字化手段，包括移动应用程序、社交媒体、在线直播等与用户进行更有效的互动，提高文化品牌的品牌认知度、品牌价值和品牌口碑。

然而，文化品牌数字生态的建设和管理也面临着一系列挑战和机遇。

一、面临的挑战

（一）安全性问题

文化品牌数字生态的安全性是一个重要的挑战。随着网络安全问题的日益增加，文化品牌数字生态面临的安全风险中，版权侵犯和数据泄漏较为严重。在数字生态中，文化品牌需要保护自己的知识产权和用户的隐私，避免出现安全漏洞，保护文化品牌和用户的利益。

1. 版权侵犯

内容创作和传播环节中的版权侵犯风险是数字生态中的关键性问题，黑客或其他不法分子可能窃取或盗用艺术家、作家、音乐人、导演等专业人员的作品，或者在网站、社交媒体等平台上发布未经授权的内容，侵犯原作者的知识产权而产生纠纷，这些纠纷会影响数字生态整体的诚信度。

2. 数据泄露

文化品牌数字生态中的数字营销和数据分析环节需要涉及用户的个人信息，包括姓名、年龄、性别、兴趣爱好等。如果未能保护好这些信息，将会给用户带来不良影响，同时也会损害文化品牌的信誉和声誉。

3. 社交工程和网络欺诈

社交工程是一种利用心理学和欺骗手段获取信息或诱导用户采取某种行为的攻击方式，文化品牌的数字生态中，用户可能面临钓鱼、虚假宣传、虚假活动或网络诈骗等各种欺诈行为。这些行为会使用户的财产、心理、人身安全等方面受到侵害。因此，为了保障文化品牌和用户的利益，在数字生态的建设过程中需要采取一系列的安全保障措施，制定相关的保障制度和安全体系。作为数字生态的核心，文化品牌的安全意识和安全管控是整个生态安全的保障。文化品牌需要建立健全一系列安全策略，包括安全管理、安全培训、安全漏洞管理等方面的内容，制定科学的安全政策和管理制度，加强员工的网络安全意识，加强员工的网络安全教育和培训，增强文化品牌防范网络安全风险的能力。在企业内部可以运用包括数据加密、访问控制、防火墙等技术手段，加强对用户和员工个人信息的保护，采取必要的技术措施，确保个人信息的安全性和私密性，及时监测和发现安全漏洞，保障系统安全。也可以与专业的第三方安全机构合作，共同建立安全保障体系，进行安全漏洞检测和修复、应急响应等工作。通过及时更新系统和软件，修复已知的安全漏洞，并定期进行安全测试和漏洞扫描，及时发现和修复系统漏洞，提高系统的安全性。对数据内容建立安全备份和恢复机制，以应对可能出现的突发事件，保障系统数据和业务的连续性和稳定性。以上措施不仅可以有效提升文化品牌数字生态的安全性，也可以保障企业和用户的利益。

（二）人才短缺问题

数字生态的建立和管理需要多种专业人才的支持，目前数字生态中的人才短缺问题主要集中在数字化营销、数据分析、软件开发等方面。这些方面的人才需要具备较强的整合能力，以下梳理出具体的人才需求。

1. 数字营销专家

随着用户越来越多地转向数字渠道，数字营销成为文化品牌获取目标用户和推广产品的重要手段。数字营销专家具备深入了解数字平台、社交媒体和在线广告的知识和技能，能够制定和执行综合的数字营销战略。他们擅长市场调研、目标用户分析、搜索引擎优化、社交媒体管理、内容营销等，能够帮助文化品牌实现品牌曝光、用户参与和销售量增长。

2. 内容生产专家

内容是文化品牌与用户之间沟通的桥梁，因此需要专业的内容生产专家。他们熟悉不同媒体平台和内容格式，能够创作吸引人的文字、图像、视频和音频内容。内容生产专家具备优秀的创新能力和敏锐的品牌意识，能够根据目标用户的需求和喜好制定内容战略，并通过内容传达文化品牌的价值观和故事，建立品牌形象和用户忠诚度。

3. 设计师

设计在文化品牌的数字化战略中起着关键作用。设计师能够将文化品牌的理念和个性转化为视觉元素，包括品牌标识、网站界面、移动应用程序界面、平面广告和包装设计等。他们熟悉设计软件和工具，具备良好的审美意识和创意思维，能够为文化品牌提供独特而令人印象深刻的视觉形象，提升文化品牌的辨识度和用户体验。

4. 数据分析师

在数字化时代，数据成为决策的关键驱动力。数据分析师能够收集、清洗和分析大量的数据，揭示隐藏在数据背后的市场趋势。他们具备统计学知识和分析技能，能够利用数据工具和技术进行数据挖掘、预测和可视化，帮助文化品牌了解用户行为、市场趋势和竞争环境，并制定相应的营销和业务策略。

5. 研发工程师

随着数字技术的迅猛发展，文化品牌需要研发工程师来开发和维护数字化产品和服务。研发工程师擅长编程和软件开发，具备前沿的技术知识和技能，能够构建和优化网站、应用程序、虚拟现实（VR）和增强现实（AR）体验等，能提供技术支持和解决方案，保持数字平台的高效和稳定运行。

6. 项目管理专家

文化品牌的数字化转型通常涉及多个复杂的项目，需要有经验丰富的项目管理专家来确保项目的顺利执行。项目管理专家能够制定项目计划、管理项目资源、监控项目进度和风险，协调不同团队之间的合作，并确保项目达到预期的目标。项目管理专家具备良好的组织和沟通能力，能够在有限的时间和资源内推动项目的进展，成功实现数字化转型。

为了解决人才短缺等问题，文化品牌需要采取优化培训机制，加强招聘和留用人才机制，推行灵活的人才管理模式等手段。通过加强内部培训的方式，提高员工的技能水平和专业素质，培养数字化转型所需的人才。或者可以引进外部培训机构，提供针对性的数字化转型培训课程，帮助员工快速掌握相关技能。文化品牌可以通过加强招聘力度，吸引优秀的数字化转型人才的加入，同时要采取有效措施留住优秀员工，避免人才流失。为了吸引和留住数字化转型人才，文化品牌应该推行灵活的人才管理模式，给予员工更多的自主权和发展空间，同时提供有竞争力的薪酬待遇和福利。文化品牌可以通过合作和交流，建立人才资源库。例如，加强与高校、科研机构等数字生态参与者的合作，共享人才资源，提高数字化转型的人才储备。同时开拓海外人才资源，引进具有国际视野和专业技能的优秀人才，推动数字化转型的国际化发展。

构建文化品牌数字生态过程中的人才短缺问题是当前数字化转型面临的重要问题之一，需要企业、政府和社会各方面的共同努力，通过培训、招聘、灵活的人才管理、加强与生态参与者的合作交流和创新人才引进机制等多种方式，解决人才短缺问题，推动文化品牌数字生态的健康发展。

（三）数据管理问题

构建文化品牌数字生态已成为品牌战略和营销的重要组成部分，旨在提升文化品牌的认知度、关注度、互动度和忠诚度，实现文化品牌的商业目标。然而，在构建文化品牌数字生态的过程中，数据管理问题是一个关键的难题，本文将从数据采集、数据存储、数据处理和数据保护四个方面来详细探讨文化品牌数字生态构建过程中所存在的数据管理问题。

1.数据采集

构建文化品牌数字生态需要依赖于各种数据，如用户行为数据、社交媒体数据等。这些数据来源不同，数据类型、格式和质量也不同，如何有效地收集和整合这些数据成为一个难题。首先，如何获取用户行为数据是一个难点。用户在数字化时代中参与的活动和场景越来越多，他们的行为数据分布在不同的渠道和平台上，如电商平台、社交媒体、搜索引擎、应用软件等。如何在不同的渠道和平台上获取用户行为数据，如何将不同来源的数据整合起来成为一个完整的数据体系，是一个重要的数据采集问题。其次，如何保证数据的准确性和完整性是数据采集的另一个难点。数据的准确性和完整性对于文化品牌数字生态的构建至关重要。如果数据存在错误和缺失，会影响到文化品牌的决策和营销活动的效果。在采集数据的过程中，需要遵循一定的数据采集规范和流程，确保数据的准确性和完整性。

2.数据存储

文化品牌数字生态需要存储大量的数据，如何有效地存储这些数据，确保数据的安全性和可用性是一个重要的问题。首先，如何选择合适的数据存储方式是一个问题。文化品牌数字生态中的数据类型、数据量和数据访问频率不同，需要根据不同的数据特征来选择不同的数据存储方式。例如，对于访问频率较高的数据可以选择高速缓存存储方式，对于访问频率较低的数据可以选择较慢的存储方式。其次，如何确保数据的安全性是一个问题。文化品牌数字生态中的数据包括用户隐私数据、商业机密等，需要严格保护。在数据存储过程中，需要采取一系列的安全措施，如加密、备份、访问控制等，确保数据的安全性和可靠性。

3. 数据处理

文化品牌数字生态中的数据需要进行处理和分析，以获得有价值的洞察和决策支持。如何有效地进行数据处理和分析是一个重要的问题。首先，要选择合适的数据处理技术。文化品牌数字生态中的数据包括结构化数据和非结构化数据，分别需要采用不同的数据处理技术进行处理。例如，对于结构化数据，可以采用关系型数据库进行存储和分析，对于非结构化数据，可以采用文本挖掘和机器学习等技术进行处理和分析。其次，如何进行数据挖掘和分析也是一个重要问题。文化品牌数字生态中的数据量非常庞大，需要进行数据挖掘和分析以获得有价值的洞察和决策支持。因此，选取合适的算法和模型对挖掘和分析数据十分重要。

4. 数据保护

文化品牌数字生态中的数据需要进行保护，以防止数据泄露和滥用。如何有效地保护数据是一个重要的问题。首先，要进行数据权限管理。文化品牌数字生态中的数据包括用户隐私数据、商业机密等，需要进行数据权限管理，以确保只有授权的人员可以访问和使用数据。其次，要进行数据备份和恢复。为防止数据丢失和损坏，要对文化品牌数字生态中的数据进行备份和恢复，同时确保数据备份的可靠性和有效性。

要在文化品牌数字生态构建中有针对性地解决数据管理的问题，必须明确这些问题所对应的品牌需求，通过一定的技术手段和法律法规解决这些问题，满足相应需求。在数据采集的阶段，明确需要收集哪些数据以支持文化品牌的业务目标和决策需求，再通过严谨的数据采集方式和相关制度，确保数据采集符合相关法律法规和隐私政策，并在收集数据时向用户说明收集目的和使用范围。在数据存储问题上，需要根据数据的规模和类型，选择合适的存储方案，如云存储、数据库等，确保数据的安全性和可靠性。将数据分段存储，并定期进行备份，以防止数据丢失。并且将数据按照相同的标准存储，使不同部门和系统之间的数据整合更加容易和准确。针对数据的处理问题，在进行数据分析和应用之前，需要对数据进行清洗和预处理，去除噪声和错误，并进行格式转换和标准化，以保证数据质量和数据一致性。利用适当的数据分析工具和技术，对数据进行探索和挖掘，发现隐藏在数据中的模式、趋势和洞察，并将其转化为有用的信息和见解。借助人工智能和自动化技术，实现数据处理的自动化和智能化，提高效率和准确性。通过强化数据安全措施来实现对数据的保护。采用适当的加密、身份验证和访问控制措施，确保只有授权人员能够访问和处理敏感数据。利用相关法律法规，保护用户隐私数据，并明确规定数据使用的范围和目的。建立数据安全监测和事件响应机制，及时检测和应对数据安全事件，以减少潜在的损失和风险。

完整的数字生态对数据管理带来了挑战，但也提供了解决这些挑战的必要手段和工具。文化品牌可以运用其在数字生态中的主体身份，更好地管理数据采集、存储、处理和保护的问题。确保数据管理符合最佳实践，并借助合适的技术工具和安全措施，较大限度地保护用户隐私和数据安全。

（四）多渠道管理

多渠道管理问题主要是关于文化品牌在数字生态中面对多个渠道同时存在的情况下，需要对这些渠道进行统一管理和协调的问题。随着文化品牌数字生态构建的不断深入，文化品牌需要面对多种渠道，如官网、社交媒体、电商平台、微信公众号、短视频平台，等等。这些渠道需要不同的策略和管理方法，同时还需要在多个渠道之间进行协调和整合，以达到整体运营效果的提升。管理多个渠道需要文化品牌建立一个完整的管理体系，确保每个渠道的内容都能够协调一致，以便为用户提供一致的文化品牌体验。在文化品牌数字生态的构建过程中，多渠道管理问题表现为以下几个方面。

1. 渠道单一化

渠道单一化指的是文化品牌仅依赖于单一渠道进行传播和销售，缺乏多样性和灵活性。这种情况下，文化品牌容易受到单一渠道的风险和变化的影响。当单一渠道发生问题时，文化品牌可能失去与用户的联系，并可能导致销售额下降。解决渠道单一化问题的关键在于建立多渠道的文化品牌传播和销售策略，文化品牌可以通过建立线上线下渠道、利用社交媒体和电商平台等多个渠道来触达用户。多渠道的传播和销售策略可以提高文化品牌的曝光度、覆盖面和销售机会，降低单一渠道带来的风险。

2. 渠道策略不同步

渠道策略不同步是指不同渠道之间的策略和运营方式不一致，导致文化品牌传播和用户体验的不连贯性。例如，在不同渠道上呈现的品牌形象、促销活动、定价策略等存在差异，可能引发用户的困惑和不满。文化品牌需要明确整体的渠道战略，并确保不同渠道之间的协调与沟通。其中主要包括制定一致的品牌形象、定价策略和促销活动，确保用户在不同渠道上的体验一致。

3. 渠道信息不一致

渠道信息不一致是指文化品牌在不同渠道上提供的信息不一致，包括产品描述、价格、促销信息等。这会造成用户的困惑和不满，破坏文化品牌的信誉和用户体验。针对这一问题，文化品牌必须在整个数字生态中建立和执行统一的信息管理系统和标准，通过统一的信息管理系统、定期的信息审核和更新等，实现产品信息、价格政策、促销信息等信息的一致性。

4. 渠道投入不平衡

渠道投入不平衡是指文化品牌在不同渠道上的资源投入不均衡，导致某些渠道得到过多的关注和资源，而其他渠道缺乏用户关注。渠道投入不平衡可能会导致渠道之间的竞争和不平衡发展，影响文化品牌整体的传播效果和销售效果。文化品牌需要合理分配资源和制定渠道优先级，根据目标用户和市场需求，以及对各个渠道的潜力和价值的评估结果来合理分配资源。同时，文化品牌也需要进行渠道绩效评估和跟踪，及时调整资源投入策略，确保文化品牌在不同渠道中的平衡发展。

5.渠道协调不足

渠道协调不足是指不同渠道之间的协调和整合不足，导致信息、销售和服务的不一致与冲突。渠道协调不足可能会给用户带来困扰和不满，降低文化品牌的整体传播效果。解决这个问题的关键在于建立有效的渠道管理和沟通机制。文化品牌需要建立跨部门的渠道管理团队，负责不同渠道的协调和整合，同时加强渠道间的信息共享和沟通，确保不同渠道之间的一致性和协同效应。

文化品牌数字生态的构建是企业数字化转型的必经之路。在构建数字生态的过程中，多渠道管理问题是一个需要重视的问题。企业需要对不同渠道进行整合和协调，以达到整体效果的提升。

二、面临的机遇

（一）品牌扩展

文化品牌数字生态提供了一个更广泛的平台来扩展品牌，吸引更多的用户和潜在用户。通过数字渠道，文化品牌可以更容易地与用户互动，提供更好的服务和用户体验。品牌扩展是指品牌在现有市场之外的新市场上推出新产品或服务，以扩大品牌影响力并增加市场份额的过程。品牌扩展是一种策略性的行为，旨在利用品牌的价值、信誉和知名度，为企业带来更多的商机。品牌扩展有助于企业实现盈利增长，提高市场占有率，并增强企业与竞争对手的竞争力。品牌扩展有多种形式，例如，产品扩展、市场扩展、品牌延伸等。无论采用哪种形式，品牌扩展的关键是通过扩展品牌来创造更多的价值和回报。品牌扩展需要在品牌策略的框架内进行，以确保扩展的品牌符合文化品牌的品牌定位和品牌形象的要求。

1. 数字内容扩展

文化品牌数字生态中的数字内容是扩展品牌的重要手段之一，通过数字内容，文化品牌可以为用户提供更丰富、更多元化的文化体验，从而扩大文化品牌的影响力和吸引力。文化品牌可以将传统文化形式数字化，例如，将传统音乐数字化、将传统故事以数字图书的形式呈现等。此外，文化品牌还可以探索新的数字化形式，例如，数字艺术、数字博物馆展览等来扩展品牌。

2. 数字服务扩展

数字服务在文化领域不仅作为实体化服务的辅助，一些新业态的广泛运用甚至逐渐取代了实体化的服务。文化品牌可以为用户提供更为便捷、更为丰富的文化服务，例如，数字阅读、数字音乐、数字展览等。此外，文化品牌还可以探索新的数字化服务，例如，数字化的文化教育、数字化的文化旅游等。

3. 数字媒体平台扩展

数字媒体平台是文化品牌数字生态的重要信息枢纽，运用多方联动的数字平台，文化品牌可以与用户进行更为紧密的互动，扩展文化品牌的影响力和知名度。文化品牌可以通过建立官方网站、开发应用程序、开设社交媒体账户等方式为用户提供一体化的数字服务和内容，从而实现文化品牌的数字化转型。

4. 数字体验扩展

体验的升级能够帮助用户获得更高的效率和更优质的服务，通过数字体验，文化品牌可以为用户提供更为真实、更为沉浸式的文化体验。例如，利用虚拟现实（VR）技术搭建数字化的文化场景，让用户身临其境，感受传统文化的魅力。

5. 数据分析升级

数字生态可以为文化品牌提供更多的数据，文化品牌可以使用数据分析工具来分析用户的行为和偏好，以便更好地了解用户需求，并提供更个性化的服务。数字生态中的社交媒体、微信公众号等媒体平台也可以帮助文化品牌持续地收集用户反馈和需求，及时了解他们的心声，提高文化品牌的服务质量和用户体验。

6. 新的商业模式

文化品牌数字生态创造了许多新的商业模式以满足数字时代用户的需求。例如，文化品牌可以通过数字化手段提供定制化服务、订阅服务、虚拟现实体验等，以此来吸引更多的用户并增加品牌收益。数字生态为文化品牌提供了更广阔的市场机会，不再局限于传统市场。文化品牌可以通过数字化渠道覆盖更多的地区和目标用户，并以更低的成本扩大市场份额。

文化品牌数字生态的建立和管理面临着诸多挑战，但也提供了许多机遇。文化品牌需要寻找方法来应对挑战，并利用机遇创造更多的价值。在数字化时代，文化品牌数字生态提供了更广泛的平台来扩展文化品牌。通过数字化的形式，文化品牌可以为用户提供更为丰富、更为多元化的文化体验，从而吸引更多的用户并扩大文化品牌的影响力。同时，数字化也让文化品牌的传播更为快速和便捷，可以打破时间和空间的限制，将文化品牌的影响力扩展到更广泛的用户群体中。除此之外，文化品牌也需要注意数字化形式要符合品牌定位。数字化并不意味着只要把传统文化形式搬到数字平台上就能扩展文化品牌，数字化形式必须符合品牌定位和市场需求，同时要满足用户的体验需求。当然，也要有独特的内容和特色，要有强大的核心竞争力，打造具有差异化的文化品牌形象。

在注重用户体验的同时，文化品牌不仅要为用户提供真实、沉浸式的品牌体验，更重要的是要注重交互设计中的互动细节，例如，一些小小的响应式设计就能够提升用户对数字服务的好感，形成用户的记忆点，增强用户的参与感和忠诚度。

文化品牌数字生态提供了更广泛的平台来扩展文化品牌。通过数字化的形式，文化品牌可以为用户提供更为丰富、更为多元化的文化体验，从而吸引更多的用户并扩大文化品牌的影响力。但在数字化过程中，文化品牌需要注意数字化形式、数字化内容、数字化服务、数字化体验等方面的问题，以实现较高的品牌效益。

（二）品牌创新

文化品牌数字生态为品牌创新提供了丰富的机遇，文化品牌可以通过数字技术的创新，打造更加全面和立体的品牌形象，提高文化品牌的影响力和美誉度。通过数字化的方式进行品牌宣传、营销、互动、创意和管理，让文化品牌更加符合用户的需求和期望，提高文化品牌的竞争力和市场份额。通过数据分析、人工智能等技术，文化品牌得以更好地理解用户的需求和行为，为产品创新和营销决策提供依据，实现智能化营销，提高营销效果。在品牌创新的同时，用户和合作伙伴也能同时受益。用户能够感受到线上和线下服务的一体化，以及服务效率和品质的提升。文化品牌也有了更多与其他品牌或文化机构合作的机会，通过共同开展创新项目，实现品牌的跨界融合和多元发展。数字化技术和数字化媒介对品牌创新的影响表现在以下几个方面。

1. 多元化的品牌传播渠道

在数字化环境下，品牌通过数字化技术、数字化媒介、数字化营销等方式不断进行品牌创新以满足生态参与者的多方需求和市场的变化。在构建过程中，品牌创新机遇也随之而来。文化品牌数字生态构建为文化品牌创造了更多元的传播渠道，文化品牌可以通过社交媒体、短视频、直播等多种渠道更加灵活地展示品牌形象和产品特点。通过更广泛地传播，文化品牌可以更好地触达不同群体的用户，提高文化品牌的曝光度，扩大文化品牌的影响力。

2. 品牌形象创新

数字化技术和数字化媒介为品牌形象创新提供了更加广泛和便捷的平台，文化品牌可以通过在数字生态中定制化品牌形象，打造符合品牌文化和定位的形象，让品牌形象更加生动、形象、深入人心。数字生态为品牌创意提供了更为广泛的空间和载体，文化品牌可以通过数字技术的创新，打造更为创意和有趣的品牌形象，通过数字生态中的各种工具和平台，如图片、视频、动画等表达品牌文化和价值观，引发用户的共鸣和情感共振。同时，虚拟现实（VR）等数字化技术为品牌形象的呈现提供了更加生动和多样化的方式，使文化品牌可以创造更加个性化和多元化的品牌形象。

3. 品牌特征创新

智能技术为品牌特征创新提供了更加精准和智能的支持。例如，通过大数据、人工智能等数字化技术，文化品牌可以深入了解用户的需求和行为，创造更加符合市场需求的产品和服务。文化品牌还可以通过多平台与用户进行创意互动，激发用户的创造力和参与度，为文化品牌带来更多的创新点和灵感。数字化媒介，如社交媒体、在线社区等为文化品牌与用户的互动和沟通提供了更加便捷和高效的方式，通过数字化技术和数字化媒介，文化品牌可以不断优化品牌特征，提高文化品牌的竞争力和市场份额。

4. 品牌体验创新

移动互联网技术和新媒体技术为品牌体验创新提供了更加便捷和多样化的方式。通过移动应用和互联网，品牌可以打造更加个性化和互动化的品牌体验，提高用户的参与度和忠诚度。同时，数字化技术，如虚拟现实（VR）、增强现实（AR）等，为品牌体验的呈现提供了更加生动和真实的方式。通过数字化技术和数字化媒介，品牌可以不断创新品牌体验，提高用户的满意度和忠诚度。

5.品牌营销模式创新

在数字化生态下，文化品牌可以通过各种渠道和媒介进行宣传，包括搜索引擎、社交媒体、广告投放等。文化品牌可以通过自身的网站和社交媒体平台来发布品牌信息，通过优化搜索引擎排名，增加文化品牌的曝光度。随着数据分析技术的不断提升，文化品牌可以越来越有针对性地在特定的群体中进行宣传和广告投放，实现针对性营销，提高文化品牌的知名度和曝光度。通过多元化的数字场景，文化品牌可以在不同的情境下展示自己的品牌形象以增强品牌认知度。运用数字生态中的各种互动方式，如在线游戏、互动直播等与用户建立更为亲密的关系。

6.品牌管理创新

文化品牌数字生态可以帮助文化品牌优化管理和运营，通过数字化的方式进行品牌监测、数据分析、服务优化等，提高文化品牌的运营效率和管理水平。文化品牌可以通过数字生态中的数据分析工具，及时了解市场变化和用户需求，为品牌决策提供数据支持和参考。通过数字生态中的服务工具，如在线客服、售后服务等，还可以为用户提供更加全面和贴心的服务，提高用户管理效率。

数字化技术和数字化媒介的快速发展，为文化品牌数字生态的构建带来了巨大机遇。在数字化时代，品牌创新是文化品牌数字生态构建的重要驱动力之一。品牌创新不仅可以提升文化品牌的形象、特征和体验，还可以提高文化品牌的竞争力和市场份额，促进文化品牌的长期发展。

（三）品牌全球化

随着经济全球化的加速和数字化技术的发展，品牌全球化成为文化品牌数字生态构建中越来越重要的趋势。品牌全球化不仅可以帮助文化品牌拓展海外市场，增强文化品牌的国际影响力，还可以促进文化交流和跨文化融合。同时，数字技术的发展和普及使得文化品牌在经济全球化过程中有了更多的机遇和挑战，数字化产品和服务的创新、数字化营销和推广的方式提高了文化品牌的国际影响力和认知度。总而言之，数字生态构建对品牌全球化的影响主要包括以下几个方面。

1. 海外市场拓展

文化品牌数字生态构建中的品牌全球化，可以帮助文化品牌拓展海外市场，增加文化品牌的市场销售份额。海外市场用户更加注重文化品牌的品牌价值和文化内涵，这些因素为他们带来更多的身份认同，为文化品牌提供了更广阔的市场机遇。数字化营销和推广可以更加精准地定位目标用户，提高营销效率和投资回报率，同时还可以通过数据分析和反馈来不断优化营销策略和内容。数字化营销和推广可以让文化品牌在国际市场上更加具有吸引力和竞争力，提高国际市场占有率。

2. 增强品牌国际影响力

文化品牌数字生态构建中的品牌全球化可以帮助文化品牌增强品牌的国际影响力，使文化品牌更具竞争力和认可度。在全球市场上，品牌的国际化程度越高，越容易获得用户的认可和信任，从而提高文化品牌的市场份额和盈利能力。

3. 促进文化交流和跨文化融合

文化品牌数字生态构建中的品牌全球化可以促进文化交流和跨文化融合，推动各国文化之间的互相了解和尊重，建立更加友好的国际关系。文化品牌在国际市场上的传播，可以带动文化产品、文化艺术等的输出，促进中国文化和其他国家文化的交流和融合。

4. 促进数字化产品和服务的创新

数字化产品和服务的创新可以帮助文化品牌提升国际竞争力，扩大海外市场份额，数字化技术的不断创新和发展为文化品牌提供了更多产品和服务创新的机遇。数字化技术可以将传统文化元素和现代科技相结合，创造出更加有创意和特色的产品和服务，以满足全球用户的需求和口味。数字化技术也可以提高产品和服务的可访问性和用户体验，文化品牌通过移动应用程序、虚拟现实（VR）等数字化技术为用户提供更加便捷和个性化的文化产品和服务。

5. 数字技术的协同作用

数字生态的构建可以促进文化品牌在全球范围内数字化服务和数字技术的协同作用。数字化技术可以提高文化品牌的生产效率和成本效益，同时还可以通过数字化技术实现供应链的协调和管理，提高产品和服务的质量和稳定性。数字生态的构建还可以通过数字技术实现文化品牌与其他企业和机构的协同作用，例如，通过数字技术实现跨界合作和品牌联合营销，提高文化品牌影响力和市场占有率。

数字化技术的快速发展和普及已经成为文化品牌全球化的必经之路，数字生态的构建正是为了适应这种趋势而产生的。在数字生态的构建过程中，文化品牌需要不断创新和变革，结合数字化技术来提高产品和服务的创新性和质量，同时要加强数字化营销和推广，利用数字化渠道来提高文化品牌知名度和认知度。数字生态的构建还需要建立一个数字化平台，促进文化品牌与其他企业和机构的协同作用。数字生态的构建是文化品牌全球化的重要手段和途径，只有不断适应数字化时代的发展趋势，才能在全球市场中立于不败之地。

（四）品牌形象立体化

随着数字技术的发展和普及，数字生态成为塑造文化品牌形象的重要途径之一。数字生态为文化品牌提供了多种创新方式，可以让品牌形象更立体、更丰富、更有张力，可以提高文化品牌的认知度、美誉度和品牌价值。

1. 数字生态丰富了文化品牌形象的元素和表现形式

数字生态提供了全新的展示和传播方式，让文化品牌可以通过不同的数字化形式来展现其品牌形象。例如，文化品牌可以通过数字化营销手段，在社交媒体平台上发布品牌故事、品牌历史、品牌文化等内容，通过图片、视频、音乐等多种形式来传达品牌形象。此外，数字化技术还可以实现更加复杂的品牌展示，如 AR/VR、交互式展示等，进一步提升品牌形象的立体感和视觉冲击力。这些数字化形式让文化品牌得以在更广泛的平台上，以更多样化的方式展示品牌形象，丰富品牌形象的元素和表现形式。

2. 数字生态提升了文化品牌形象的互动性和用户参与度

数字生态带来了更具互动性和个性化的营销手段，让品牌形象更贴近用户，提升了用户的参与度和互动积极性。例如，文化品牌可以在社交媒体上发布各类互动活动，如线上音乐会、线上展览、线上读书会等，邀请用户参与其中，增强用户对文化品牌的认知。此外，数字化技术还可以实现个性化服务，例如，根据用户的兴趣和偏好提供定制化的文化产品和服务，增加用户对文化品牌的忠诚度和满意度。这些具有互动性和个性化的营销手段提升了义化品牌形象的互动性和用户参与度，使品牌形象更加深入人心。

3. 数字生态加速了文化品牌形象的创新与转型

数字生态的发展不仅提供了丰富的数字化形式和互动方式，还促进了文化品牌的创新和转型。数字化技术为文化品牌带来了更多的创新和转型机遇，例如，可以通过数字化技术实现品牌形象的升级和升华，推出全新的文化产品和服务。文化品牌可以通过数字技术实现线上产品与线下产品的融合，通过推出线上音乐、电影、展览等文化产品和服务，加速文化品牌的数字化转型，提高文化品牌的品牌价值和市场竞争力。数字生态还提供了多维度的品牌转型机遇，例如，通过数字化技术实现文化品牌的跨界合作和联合营销，推动品牌形象的创新和转型，进一步拓展文化品牌的影响力和市场份额。

4. 数字生态提高了文化品牌形象的传播效率和覆盖范围

数字生态的发展提高了文化品牌形象的传播效率和覆盖范围。数字化技术让品牌形象得以通过全球互联网传播到全球各地，使文化品牌的传播范围更广，品牌形象的影响力更大。同时，数字化技术还可以实现个性化推荐和精准营销，让品牌形象更快速地传播到目标用户之中。这些数字化营销手段提高了品牌形象的传播效率和覆盖范围，让文化品牌更加广为人知。

数字生态为文化品牌形象的立体化塑造带来了重要机遇。数字化形式和互动方式丰富了文化品牌形象的元素和表现形式，提升了文化品牌形象的立体感和视觉冲击力；数字化营销手段加强了文化品牌形象的互动性和用户参与度，增加了用户对品牌的认知；数字化技术促进了文化品牌的创新和转型，促使文化品牌推出更具市场竞争力的文化产品和服务；数字化营销手段提高了文化品牌形象的传播效率和覆盖范围，让文化品牌更广为人知。因此，文化品牌需要积极利用数字生态，充分发挥数字化技术的优势，提升品牌形象的立体化塑造水平，增强文化品牌的市场竞争力和品牌价值。

三、未来发展趋势和展望

随着数字技术的飞速发展，文化品牌数字生态已成为文化品牌的重要发展方向。在未来，数字生态将深入文化品牌的核心业务中，成为文化品牌发展的重要驱动力。随着数字技术的不断发展，文化品牌将更多地利用数字技术，打造数字化的文化产品和服务，提高文化品牌的数字化水平，拓展文化品牌的市场份额。数字化技术将成为文化品牌创新的重要工具，并为其提供更丰富的创新思路和实践路径。文化品牌将在数字生态的支持下实现产品的线上和线下融合，推出更具有市场竞争力的文化产品和服务，提高文化品牌的品牌价值和市场竞争力。在以文化品牌为核心的数字生态中，人工智能和区块链技术在未来的发展过程中将会起到关键的作用，创新能力和跨界合作将为文化品牌数字生态的发展实现价值赋能，进而实现整个数字生态和谐发展的目标。

（一）人工智能技术在文化品牌数字生态中的应用和影响

随着自然语言生成式人工智能的研发和运用，由 ChatGPT 等产品领衔的智能技术开始广泛运用，这些技术具有强大的学习和交流能力，在未来的发展过程中可能会广泛运用于文化领域之中，通过智能音乐推荐、艺术品鉴定、语音识别和逻辑式问答等功能模块，可逐渐运用于品牌形象塑造、产品设计、用户服务等方面。通过分析用户的行为和偏好，人工智能可以帮助文化品牌更好地了解用户需求，并提供越来越人性化的专业服务。未来，AI 在数字生态中的应用场景可能包括以下几个方面。

第一，用户行为分析。通过 AI 技术，文化品牌可以对用户的行为进行深入分析，包括用户的购买习惯、兴趣爱好、消费预算等，这些分析有助于文化品牌制定更精准的市场策略和销售计划。

第二，个性化营销。利用人工智能（AI）算法，文化品牌可以根据用户的兴趣爱好、用户行为等个性化因素，为用户推送符合其需求的产品、服务和文化内容。针对性的推送不仅可以提高文化品牌的产品销售量，同时也可以增强文化品牌与用户之间的情感联系。

第三，艺术创作和表现。随着 Midjourney 等生成式 AI 投入市场，证明了 AI 可以在一定程度上完成创造性的工作。未来，AI 将可以在文化品牌的艺术创作和表现方面发挥作用，帮助文化品牌和用户创作出更加丰富多彩的文化艺术作品，AI 还可以提供动态化的创作，更具效率地提供智能化、沉浸式的艺术展览体验，加速虚拟与现实边界的消融。

第四，数字化的文化资产管理。文化品牌可以利用 AI 技术将传统的文化资产数字化，以便更好地进行管理、保存和传播，让更多的人了解和接触到文化品牌所代表的文化传承和历史遗产。

AI 技术在文化品牌数字生态中的应用前景十分广阔，也伴随着许多风险，包括人际关系的疏远、安全隐私问题、道德伦理问题等，文化品牌在使用这些技术时，应当密切关注并管理相关的风险，确保其应用符合伦理原则，对用户和社会产生积极的影响。

（二）区块链技术在文化品牌数字生态中的应用和影响

区块链技术是一种去中心化的分布式账本技术，它可以确保数据的安全性和不可篡改性，能够应对文化品牌数字生态发展过程中的内容版权、文化资产等相关问题。在文化品牌数字生态中，区块链技术可以用于版权保护、艺术品鉴定、数字内容交易、文化遗产保护等方面。区块链技术对文化品牌数字生态构建的影响主要包括以下几个方面。

第一，区块链技术有助于保护文化品牌的版权和知识产权。文化品牌拥有丰富的文化资产和知识产权，但这些资产和知识产权往往容易被盗用或侵犯。区块链技术可以通过建立去中心化的、公开透明的版权登记系统，为文化品牌提供有效的版权保护和知识产权保护。利用区块链技术，文化品牌可以将自己的版权信息和知识产权信息以分布式的方式记录在区块链上，确保信息不被篡改或删除，从而实现版权和知识产权的长期保护。

第二，区块链技术有助于加强文化品牌的信用体系建设。文化品牌可以通过区块链技术建立良好的信用体系，以提高用户对文化品牌的信任度和忠诚度。区块链技术可以通过建立去中心化的、可信的信用体系，为文化品牌提供有效的信用评估和信用认证服务。文化品牌可以将自己的信用信息以分布式的方式记录在区块链上，从而实现信用信息的公开透明和可信性保障。

第三，区块链技术有助于改善文化品牌的供应链管理。文化品牌的供应链管理需要对多个环节进行协调，这往往会导致信息不对称和信任问题的发生。区块链技术可以通过建立去中心化的、可追溯的供应链管理系统，为文化品牌提供有效的供应链管理服务。利用区块链技术，文化品牌可以将自己的供应链信息以分布式的方式记录在区块链上，从而实现供应链信息的公开透明和可追溯性保障。

第四，区块链技术有助于提高文化品牌的数字化水平。未来，文化品牌需要不断提高自己的数字化水平，以适应市场的变化和用户的需求。区块链技术可以为文化品牌提供一种全新的数字化方式，文化品牌可以通过这一方式建立去中心化的、分布式的数字化平台，实现内容的分发、授权和交易，从而推动文化品牌的数字化转型和升级。

第五，区块链技术有助于推动文化品牌的创新和协同发展。区块链技术可以建立去中心化的、公开透明的创新平台，为文化品牌提供一个协同创新的机会。通过区块链技术，文化品牌可以和其他相关方建立更紧密的合作关系，共同探索新的商业模式和文化产品，推动文化品牌的创新和协同发展。

总体而言，区块链技术对文化品牌数字生态构建的影响是多方面的，利用区块链技术，文化品牌可以实现版权保护、信用体系建设、供应链管理、数字化水平提升和创新协同发展等多重效益。对于文化品牌而言，利用区块链技术将是一种具有广阔前景的数字化转型和升级路径。

（三）创新合作促进数字生态和谐发展

创新能力无论在当下还是在未来，都是文化品牌数字生态发展的重要推动力。用户对文化品牌数字生态的需求将会越来越多元化，对产品和服务的需求将会呈现越来越个性化、差异化的趋势，因此，文化品牌需要不断创新和改进自己的数字生态，开发新的产品和服务，满足用户不断变化的需求。在数字化技术、管理模式、商业模式、用户体验等方面进行创新，提升文化品牌的核心竞争力，保持在数字化时代的领先地位。

越来越广泛的跨界合作也是文化品牌数字生态发展的重要趋势。随着经济全球化的不断推进和产业链的不断整合，跨界合作将会成为文化品牌获取资源、技术和市场的重要途径。通过与其他企业、平台、社交媒体等建立合作关系，文化品牌可以在数字生态中获得更多的流量和用户，实现更快的发展。相对应的，跨界合作的难度也会越来越大，因此，文化品牌还需要具备更具创新性的整合营销策略和更好的风险管控能力。

未来，文化品牌价值提升、数字技术和媒介技术发展、用户体验满意度保障与合作伙伴价值共创依然是数字生态构建与发展的核心目标。随着用户对品牌价值的认知不断提高，文化品牌不断强化自己的品牌形象和品牌价值，利用数字生态建立和扩大良好的品牌信誉和品牌影响力。在不断创新和改进数字生态的过程中，文化品牌要不断地适应新的市场环境和用户需求，提升自己的品牌价值和核心竞争力，同时也需要重视和应对隐私保障、网络攻击、知识产权保护等问题和风险，增强用户的信任和忠诚度的同时吸引更多的合作伙伴，实现长期合作共赢。达成数字生态多方主体和参与者的平衡发展，才能够实现整个数字生态的稳定和可持续发展。

参考文献

[1] 柏定国.文化品牌学 [M].长沙：湖南师范大学出版社，2020.

[2] 陈禹，魏秉全，易法敏.数字化企业 [M].北京：清华大学出版社，2023.

[3] 卡普费雷尔.战略品牌管理 [M].5 版.北京：中国人民大学出版社，2020.

[4] 李彦亮.文化在营销中的作用 [J].河南师范大学学报（哲学社会科学版），2006（3）：115-118.

[5] 刘世雄，张宁，梁秋平.中国消费者文化价值观的代际传承与嬗变：基于中国主流消费群的实证研究 [J].深圳大学学报（人文社会科学版），2010，27（6）：77-84.

[6] 尹良润.文化产业品牌的基本特征与传播策略 [J].新闻爱好者，2013（7）：13-15.

[7] 赵云泽，滕沐颖，赵菡婷，等.“桥梁人群”对中国品牌的跨文化传播的影响研究 [J].国际新闻界，2015，37（10）：65-78.

[8] 王培林，郑佳敏，李泽颖，等.我国不同时期品牌文化塑造研究综述：自 2000 年至今 [J].中国商论，2023（3）：83-85.

[9] 艾志红.数字创新生态系统价值共创的演化博弈研究 [J].技术经济与管理研究，2023（4）：25-30.

[10] 李载驰，吕铁.数字化转型：文献述评与研究展望 [J].学习与探索，

2021（12）：130-138.

[11] 王福涛，郝雄磊，袁永．数字商业生态系统特征：数据控制和数据协调模式比较 [J]. 南方经济，2022（2）：1-17.

[12] 罗仕鉴，王瑶，钟方旭，等．创新设计转译文化基因的数字开发与传播策略研究 [J]. 浙江大学学报（人文社会科学版），2023，53（1）：5-18.

[13] 范周．中国文化产业和旅游业发展报告：2022 年总结及 2023 年趋势 [J]. 深圳大学学报：人文社会科学版，2023，40（2）：11.

[14] 赵志明，朱丽萍．后现代语境下短视频的叙事特征分析 [J]. 传媒，2021（6）：58-60.

[15] 肖璇．北京圈文化创意产业分布及集群式发展研究 [D]. 北京：北京工商大学，2010.

[16] 鲁元珍．文化 IP 如何实现高质量发展 [N]. 光明日报，2018-11-07（15）.

[17] 唐尚书．国潮不是简单文化包装 [N]. 光明日报，2021-09-22（13）.

[18] 李军．传统文化的当代价值：深入学习贯彻习近平总书记关于中华优秀传统文化的重要论述 [N]. 光明日报，2019-02-22（6）.

[19] 郝琴，卫建国．有的放矢：用礼仪制度增强认同感和归属感 [N]. 人民日报，2020-06-09（9）.

[20] 孙雷．传承弘扬中华优秀传统文化 [N]. 人民日报，2021-02-18（9）.

[21] 鲁元珍．提升中国文化产品的国际竞争力 [N]. 光明日报，2019-06-02（5）.

[22] 王嘉婧，沈沁怡．中国之潮：国潮研究报告 [R]. 北京：清华大学文化创意发展研究院，2019.

[23] 智春丽．万物互联，呼唤良好数字生态（新语）[EB/OL].（2021-

11-02）.http：//data. people. com. cn/rmrb/mulu/20211102/15. html.

[24] 张玉玲 . 数字文化产业将迎来新一轮大发展：解读《关于推动数字文化产业高质量发展的意见》[EB/OL]. （2020-11-29）.https：//www. gov. cn/xinwen/2020-11-29/content_5565671. htm.

[25] 中华人民共和国文化和旅游部 . 文化和旅游部关于推动数字文化产业高质量发展的意见 [EB/OL]. https：//www. gov. cn/zhengce/zhengceku/2020-11-27/content_5565316. htm.

[26] 姜念云 . 完善体系建设，提升创新能力——对提升我国文化科技创新能力的若干思考 [EB/OL]. （2014-03-06）. https：//www. mct. gov. cn/whzx/bnsj/whkjs/201403/t20140306_750667. html.

[27] 中华人民共和国中共中央办公厅、国务院办公厅 . "十四五"文化发展规划 [EB/OL]. （2022-08-16）.https：//www. gov. cn/zhengce/2022-08/16/content_5705612. htm.

[28] 邓凌月 . 拓展中华优秀传统文化对外传播新途径 [EB/OL]. （2021-06-04）. http：//www. china. com. cn/opinion/theory/2021-06/04/content_77548235. htm.

[29] 中华人民共和国国务院 . 数字中国建设整体布局规划 [EB/OL]. （2023-02-27）. https：//www. gov. cn/xinwen/2023-02/27/content_5743484. htm.

[30] 中华人民共和国文化和旅游部 . 中华人民共和国文化和旅游部 2021 年文化和旅游发展统计公报 [EB/OL]. （2022-06-29）. https：//zwgk. mct. gov. cn/zfxxgkml/tjxx/202206/t20220629_934328. html.

[31] DESNEUX, RICHARD. *Jack Lang*：*La Culture en Mouvement*[M]. Switzerland：Favre, 1990.

[32]　AAKER D A. *Building Strong Brands*[M]. New York：Simon and Schuster，2012.

[33]　PINE B J，GILMORE J H. *Welcome to the Experience Economy* [M]. Cambridge：Harvard Business Review Press，1998.

[34]　ANHOLT S. *Brand new justice：The Upside of Global Branding* [M]. Oxford：Butterworth–Heinemann. 2003.

[35]　HOLT D B. *How Brands Become Icons：The Principles of Cultural Branding*[M]. United States：Harvard Business School Press，2004.

[36]　ANHOLT S. *Competitive Identity：The New Brand Management for Nations，Cities and Regions*[M]. New York：Palgrave Macmillan，2006.

[37]　HEDING T，CHARLOTTE K，MOGENS B. *Brand Management：Research Theory and Practice*[M]. London：Routledge，2008.

[38]　GOBE M. *Emotional Branding：The New Paradigm for Connecting Brands to People*[M]. New York：Allworth Press，2010.

[39]　CHERNATONY D L. *From Brand Vision to Brand Evaluation：The Strategic Process of Growing and Strengthening Brands*[M]. London：Routledge，2010.

[40]　TIAN K，DONG. *Consumer-Citizens of China：The Role of Foreign Brands in the Imagined Future China*[M]. United Kingdom：Taylor and Francis，2010.

[41]　BROWN，STEPHEN. *Brands and Branding*[M]. United Kingdom：SAGE Publications，2016.

[42]　EGGELING，KRISTIN A. *Nation-branding in Practice：The Politics of Promoting Sports，Cities and Universities in Kazakhstan and*

Qatar[M]. United Kingdom; Taylor & Francis, 2020.

[43] MARTA M, ALESSANDRA R, MULHOLLAND J. *The Artisan Brand*: *Entrepreneurship and Marketing in Contemporary Craft Economies*[M]. United Kingdom: Edward Elgar Publishing, 2022.

[44] KELLER K L, PARAMESWARAN A M G, JACOB I. *Strategic Brand Management*: *Building, Measuring and Managing Brand Equity*[M]. India: Pearson, 2015.

[45] AAKER D A. *Building Strong Brands*[M]. New York: Simon and Schuster, 2012.

[46] SHELLY M. *Frankenstein*[M]. United Kingdom: Oxford University Press. 2018.

[47] LUCAS D B, OGILVY D. Confessions of an Advertising Man[J]. *Journal of Marketing Research*, 1964, 1（1）: 80.

[48] DOUGLAS S P, CRAIG C S. The Changing Dynamic of Consumer Behavior: Implications for Cross–cultural Research[J]. *International Journal of Research Marketing*, 1997, 14（4）: 379–395.

[49] BELK R W. Possessions and the Extended Self[J]. *Journal of Consumer Research*, 1998, 15（2）: 139–168.

[50] HART S. The Future for Brands[J]. *In Brands*: *The New Wealth Creators*. London: Palgrave Macmillan UK. 1998. 206–214.

[51] KAVARATZIS M. From City Marketing To City Branding: Towards a Theoretical Framework for Developing City Brands[J]. *Place Branding*, 2004, 1（1）: 58–73.

[52] ARVIDSSON A. Brands: A critical perspective[J]. *Journal of Consumer Culture*, 2005, 5（2）: 235–258.

[53] BICAKCI A B. Branding the city through culture: Istanbul, European Capital of Culture [J]. *International Journal of Human Sciences*, 2012, 9（1）: 993-1006.

[54] SCHROEDER J, BORGERSON J, WU Z Y. A Brand Culture Approach to Chinese Cultural Heritage Brands. [J] *Journal of Brand Management*, 2015, 22（3）: 261-279.

[55] PECOT F, ROSE G, MERCHANT A, et al. Brand heritage across cultures: USA, France and South Korea. [J] *Journal of Brand Management*. 2023, 30（1）: 49-60.

[56] GRETZEL U, WERTHNER H, KOO C, et al. Conceptual foundations for understanding smart tourism eecosystems[J]. *Computers in Human Behavior*, 2015（50）: 558-563.

[57] ADNER R. Ecosystem as Structure: An Actionable Construct for Strategy[J]. *Journal of Management*, 2017, 43（1）: 39-58.

[58] JACOBIDES M G, CENNAMO C, GAWER A. Towards a Theory of Ecosystems[J]. *Strategic Management Journal*, 2018, 39（8）: 2255-2276.

[59] XIE X X, XIE X M, MARTINEZ-CLIMENT C. Identifying the Factors Determining the Entrepreneurial Ecosystem of Internet Cultural Industries in Emerging Economies[J]. *International Entrepreneurship and Management Journal*, 2019, 2（15）: 503-522.

[60] IVANINSKIY I, IVASHKOVSKAYA I. Are Blockchain-based Digital Transformation and Ecosystem-based Business Models Mutually Reinforcing? The Principal-agent Conflict Perspective[J]. *Eurasian Business Review*, 2022, 12（4）: 643-670.

[61] Hu J，Li X T. Construction and Optimization of Green Supply Chain Management Mode of Agricultural Enterprises in the Digital Economy[J]. *International Journal of Information Systems and Supply Chain Management*，2021，15（2）：1–18.

[62] HUANG M，ZHANG Z. Research on Multi–modal Scene Design under the Development of Digital Ecological Culture Industry[J]. *International Journal of Education and Humanities*，2023，9（1）：220–225.

[63] LI W B，BARD Y，BINNEER F，et al. Digital Ecosystems：Challenges and Prospects[C]. *Proceedings of the International Conference on Management of Emergent Digital Ecosystems*，2012.

[64] APARICIO M，BACAO F，OLIVEIRA T. Trends in the E–learning Ecosystem：A Bibliometric Study[C]. *AMCIS 2014 Proceedings*，2014.

[65] BELLINI E，AVERSA I，CIAMATO S，et al. A Blockchain-based Trustworthy Cloud Services Digital Ecosystem[C]. *2022 IEEE International Conference on Cyber Security and Resilience （CSR 2022）*，2022.